完美落幕

MIKE LOREE

十年一見的傳奇
羅力的棒球之路

麥克·羅力、江奕昌——著

序　羅力的變與不變

——江奕昌

因為平時工作被棒球圍繞的關係，我已經好久沒有在閒暇時間以觀眾的身分進場看球了。然而，在九月五號當天，我心中感受到一股強大的動力，驅使我一定要進場見證羅力在中職引退的光榮時刻。

進場之後，第一個注意到的是大螢幕上秀出了羅力的照片，羅力本人則是在練投，而牛棚區附近則是擠滿了觀眾。比賽的經過我已經不太記得了，我只記得在觀眾席上遇到好多以前在義大跟富邦時期的工作夥伴，在羅力抓到最後一個出局數準備退場時，大家都聚集到本壘板後方想要捕抓這個珍貴的一刻。

我想，能夠讓那麼多過往的戰友以及超過萬名的球迷朋友在平日晚間進場，這說明了羅力平時的為人以及他在中華職棒球迷心目中所代表的意義，是遠遠超過任何一位外籍球員的，甚至與任何一位本土明星相比，也毫不遜色。

在羅力返美前我們嘗試著相約了幾次，但都因為時間無法配合而沒有成行。原本我以為，我們短時間內大概沒什麼機會好好交流了，沒想到在一個月後，我就接到出版社的洽詢，有關訪問並撰寫羅力自傳的意願，雖然這對我來說是從來沒有嘗試過的任務，但我幾乎是第一時間就答應了，能為中職有史以來最偉大的外籍球員撰寫他的傳記，這是多麼大的榮幸啊。

在後續兩個多月的時間裡，我們每週進行兩次的訪談。就像兩名好久不見的好友敘舊一樣，從他孩提歡樂的時光，到職棒生涯早期掙扎的日子。再從義大奪冠的喜悅聊到未能替富邦奪冠的遺憾。這中間一切的過程，他幾乎是毫無保留地完整交代，讓人更能夠了解背後的心路歷程。

在為訪談作準備時，我看到了兩篇不同的報導，訪問對象分別是羅力的前總教練葉君璋以及前捕手搭檔林琨笙，兩人不約而同的提到羅力在生涯當中不停地在改變。針對這點，羅力在書中的訪談也說他從不排斥改變，甚至時常主動做出改變，在他退休前，他的飲食習慣，訓練方式，投球策略甚至投球機制對比他二十七歲剛加入中職時，都有著不小程度的變化。

身為羅力的前體能教練，與他共事期間我看到的是他的不變，這不變指的是他對棒球的熱愛以及敬業的態度。在球季期間的每一場先發之間，他都會規律地完成應該做的訓練。這樣的堅持絲毫不受前一場比賽的表現或是心情的好壞所影響。我想，就是在這變與不變之間，造就了羅力這個持久且不凡的棒球生涯。

這本書能夠誕生，要感謝的人有很多，首先要感謝《Hito 大聯盟》李秉昇的推薦以及堡壘文化的賞識，當然最重要的是羅力本人的信任，讓我有機會與他能夠一起完成這件如此有意義的事情。我很享受這當中的過程，我也希望這本書能夠帶給每一位讀者一樣的享受。

序　謝謝你，台灣

——麥克．羅力 Mike Loree

回顧我的棒球生涯，我非常清楚我對我的職業生涯所走的道路充滿感激之情。台灣以難以解釋的方式改變了我的生活。它讓我對世界大開眼界。在紐約市陰影下的紐澤西州長大，我年輕時的大部分時間都相信紐約市是世界的心臟。我相信我會在紐約市及其周邊地區生活。然而，棒球有其他計劃。因為棒球，我得以遊歷美國、墨西哥、波多黎各、日本部分地區、韓國，當然還有台灣。我能夠體驗不同的城鎮、城市、國家和文化。我的人生觀也因此開始轉變——也許紐約市不是我想居住和養家糊口的地方？這個想法在我於二〇一二年八月來到台灣之後就更加鞏固了。這個世界是如此的美麗，每個角落、沙漠、雨林、山脈、平原、河流和島嶼都提供幸福。我必須謙虛地承認，我原本並不知道這個世界有多麼神奇。台灣改變了我和我的生活。

那麼，我們是如何走到這一步的，寫一本關於二〇〇七年MLB選秀第五十輪的書？我不認為這是一個簡單的答案，它不是一個簡單的公式。我認為這是運氣、恆毅力、責任感和競爭力的結合。運氣：如果銳（Kenny Ray）的手腕沒有在二〇一二年八月受傷，我就永遠無法來到台灣，我會從棒球退休。恆毅力：我在二十七歲時和 Lamigo 簽約。當時的我早上在一個高爾夫球場工作，以便賺到足夠的錢來維持生計。對於每一位追逐夢想和想藉此賺取體面的工資來養活自己，甚至養家餬口的人來說，美國職棒的生態就是既殘酷又無情。責任感：我認為我對自己大部分的職業生涯都是負責的。在我需要朝正確方向推動的時候，我能夠傾聽和吸收。在球場上，當我踏上投手板時，我責無旁貸。我對自己有很高的期待，我也要求自己必須做到。我不想只是足夠好，我想成為最好的自己。通過追逐成為最好自己的過程，我知道勝利將是最終的結果。競爭力：我一生都想贏。獲勝的想法驅使我努力讓自己變得更好。這促使我認為我可以一直變得更強、更壯、更快。

我希望透過本書當中的故事，您會了解我對棒球、家庭和追求卓越的熱愛。我想一路走來你也會明白我為什麼會愛上台灣，愛上那裡的文化和棒球。從最初只是一個賺錢的機會，後來演變成一種塑造人生的體驗，不僅對我自己，對我的家人和子孫後代也是如此。台灣成了我的第二故鄉。台灣在我心中佔有特殊的位置，我真的很感激。下次再見，台灣！

ENTS

CONT

LOREE

CHAPTER 01

MIKE
MIKE
MIKE

第1章

三樓運動明星

直到現在，我都還記得我父親與母親教導我的，「永遠要做出正確的決定」。

我還記得，從小的時候開始，他們就不斷的透過他們自身的身教來教導我和我的兩位哥哥，如果我想要如何被對待，我就必須如何對待別人。我希望獲得別人的尊重，所以我尊重他人，我希望別人對我是友善的，所以我對每一個人都非常友善。

這影響了我的一生，甚至是影響了我最後踏上棒球這條路，以及來到台灣、被大家所熟識、喜愛的所有決定。也因為有他們的愛，我的童年過程可以勇敢嘗試一切的可能，並總是能朝正確的方向前進。

我們一家是來自紐澤西的天主教家庭，住的小鎮離通往曼哈頓的林肯隧道大約有四十五分鐘的車程，所以嚴格來說，我算是在紐約的市郊長大。我的父親是建築承包商，我小時候非常喜歡跟著他到工地去忙東忙西的，而我的母親則是一名全職家庭主婦，負責照顧我們兄弟。

我的大哥提姆大我十歲，二哥鮑勃大我五歲，他們非常喜歡各種運動。身為家中老么的我，自然而然地受到哥哥們的影響而也開始喜歡運動，我們可以一整個夏天都在後院玩威浮球 (Wiffle ball)。除此之外，我們也會一起打籃球跟踢足球。我的童年，基本上都是在運動場上度過的。

因為住在紐澤西的緣故，我們一家自然而然都是紐約大都會隊的球迷，雖然在洋基爭冠的那幾年我們會替洋基隊加油，但我們對於大都會隊的忠誠卻從未因此改變。然而因為我們離大都會所在的皇后區有一段距離，我們小時候並沒有太多機會能夠進場看球，一年大概只有一次機會能夠親臨球場，也因此讓我們三兄弟格外的珍惜。我還記得當時我最喜歡的投手是古登 (Doc Gooden)，而我最喜歡的選手是貝克曼 (Wally Backman) 跟戴克斯卓 (Lenny Dykstra)，因為他們在場上拚勁十足的樣子每每都讓我熱血沸騰，也因此，棒球成了我童年時光的一切。

我們一家對棒球的熱愛，也讓棒球
成為我童年時光大部分的回憶。

小時候每年我都十分期待五月的到來，因為到了那時我可以跟童年玩伴們一起打球，當時我還加入了少棒隊，我父母除了樂見我對於棒球的喜愛外，也很積極的參與在其中，我的父親更是一直到我十二歲前都是我們社區少棒的教練。而我的母親除了負責接送我之外，我的每一次練習跟比賽，她也總是會到場為我加油。那時所有少棒的獎盃都被我放在衣櫃裡顯而易見的位置，當我看到它們時，就會感到很驕傲。對於棒球的熱愛，讓我少棒時期未曾錯過任何一場比賽，甚至每當我鬧脾氣時，我的父母只要說不帶我去打棒球了，我就會立刻聽話。

這股熱愛，在我逐漸長大之際，也漸漸擴散到了其他運動上。我哥哥在高中開始打美式足球，他的高中校隊很強，讓我很嚮往。就在哥哥的耳濡目染之下，從八年級開始，我也跟隨他的腳步開始打美式足球，擔任四分衛的位置。一直到高中畢業，我都是棒球、籃球、美式足球三棲運動員。

在我高中加入運動校隊之後，在那裡所學到的一切影響了我往後身為運動員的生涯，我現在很多的人格特質都是在那個時期所建立的，像是敬業精神以及負責任的態度。我的高中球隊很成功的把許多男孩塑造成男人，教會我們如何為自己負責，如何全力以赴，如何團隊合作等，這些超越勝負的知識讓我成為了不一樣的自己，而這其中給我最多啟發的

除了棒球，籃球與美式足球也一直是
我熱愛的運動。

教練莫過於我的棒球教練布萊恩 (Brian Fleury) 以及布魯斯 (Bruce Shatel)。

布萊恩教練是一個了不起的人，他在多年前因病離世。但他對我的人生以及他所執教的高中都留下了至今不可抹滅的影響。他總是告訴我們：「每個選手都有一個計時器，你不知道你的時間什麼時候會結束，但是它有一天一定會用完，所以你必須感激並利用你所擁有的每一天，把每件事做到最好。」我也記得他會在他的帽簷下寫著：「我排第三」。意思是上帝排第一，家庭排第二。這句話至今仍然深深地烙印在我心裡，提醒著我信仰跟家庭的重要性。

布魯斯教練則是我們最好的朋友，他有著一顆非常強烈的求勝心，他總是告訴我們他以前如何不被看好，但只要一上場他就是全力求勝。除了用正確的方式打球，只要跨越過場上的那條白線，就要想盡辦法取得最後的勝利。我想他教會我最重要的事就是，即使有時候在場上的狀態不是最好，你還是要找出辦法對抗，讓你的球隊保有獲勝的機會。

除此之外，我自己在參與運動的過程中所學到的道理也讓我對這兩名教練所教導的理念有更深的體會，特別是負責任的態度，在團隊運動中是更顯重要，尤其是美式足球。如果比賽中有人沒有做好自己份內的工作，很多時候你可以馬上感受到這對整個團隊的影響，例如四分衛遭到擒殺之類的。

這樣的觀念也延伸到球場以外的事物。你必須隨時提醒自己要做正確的決定，不論是在教室還是重訓室都把該做的事情做好。不要辜負自己，也不要辜負你的隊友，更不要讓你在乎的人對你感到失望。

高中時期我一直希望能夠加入一流的大學美式足球隊。而這個希望當時也很有機會實現，高三時想網羅我加入打美式足球的學校甚至比打棒球的還多。其中羅格斯大學(Rutgers University)、中密西根大學(Central Michigan University)都提供了美式足球獎學金給我，甚至隸屬於常春藤聯盟的布朗大學(Brown University)，更是提供能夠同時打美式足球跟棒球的機會。反觀棒球，只有韋蘭諾瓦大學(Villanova University)提供了獎學金。然而這一切都不是我的第一志願，因為當時我最想就讀的學校其實是美式足球傳統強校維吉尼亞大學(University of Virginia)，為此我還參訪他們的校園好幾次，而他們告訴我，他們在等待另外一位選手的答覆，如果那名選手最後沒有選擇進入他們學校就讀，那他們就會把原本給他的獎學金名額提供給我。如果是這樣的話，我就會去維吉尼亞打美式足球，就不會打棒球了。不過如果終究只是如果，那名選手最後仍選擇接受了維吉尼亞大學的獎學金，我那成為美式足球員的夢想最終也只是個夢想。

在那之後我思考了很久，心想其實我也一直很喜歡打棒球，既然美式足球的夢沒有辦法實現，何不追尋另一個同樣也有機會的夢想呢？因此我就決定要去韋蘭諾瓦大學打棒球。韋蘭諾瓦對我來說並不陌生，因為我的哥哥也是該校的畢業生。有趣的是，我的父母親對於這個決定並沒有感到特別的興奮。父親反應沒有特別激烈，他只是淡淡地問了一句：「你確定你不想去羅格斯打美式足球嗎？」反倒是我的母親，在聽到這個決定的當下竟然哭了出來。原因是她很希望我能進入常春藤名校就讀，我們也參訪他們的校園好幾次，但最後我認為他們美式足球隊的競技水平跟我所想要的有點落差，與其這樣，不如專注地把棒球打好，最終韋蘭諾瓦大學成為了我大學生活與棒球夢想的起點。

很幸運的，大一賽季第一次的客場遠征我就進入了正選名單，並被安排擔任牛棚的角色。雖然第一個系列賽我沒有得到上場機會，但下一次的客場系列賽，我又再次進入了正選名單，並去到了喬治亞理工大學(Georgia Tech)準備比賽，也就在那裡，那個禮拜五的晚上，我迎來了我大學的初登板。我投得不錯，投了一局多，直球速度大約在八十八到九十英里，也順利奪下大學生涯的第一次三振，對象是之後曾登上大聯盟的歐

文斯 (Micah Owings)。

從喬治亞回來之後，經過短暫的休息，我們接著去到了佛羅里達與佛羅里達國際大學 (Florida International University) 交手，當時他們是全國排名約二十幾名的球隊。在那個系列賽中我獲得了第一次的先發機會。那場比賽我投了五又三分之二局，只掉了一兩分，我們最後擊敗了他們。那場比賽之後，就奠定了我固定先發的地位，一直到我畢業。

我大一跟大二球季表現都不錯，來到大三那年，開始出現了一些我可能會在選秀會中獲得指名的討論。但也就在這個時候，我的球速沒來由的大幅衰退，均速只剩下八十二到八十五英里。直至今日，我還是不知道到底發生了什麼事。也因為這樣，我大三球季的表現不盡理想，選秀會自然也沒有得到任何球團的青睞。

一直到我大四的球季，我的球速還是沒有明顯的回升，大約在八十四到八十六英里。失去球速這件事，迫使我必須慢慢學會怎麼樣用這樣的球速解決大學打者，知道怎麼搭配內外角以及快慢不同的球種來混淆打者。

開季沒多久，我們去到阿拉巴馬對戰當時全國排名十五名的阿拉巴馬大學 (University

of Alabama)。我在禮拜五晚上的比賽登板先發，與我同場先發的是杭特(Tommy Hunter)，他後來在大聯盟投了很長的一段時間。杭特當時是大學棒球中非常受矚目的潛力新秀，當時一般評估他在選秀會中會在第一輪獲得指名，因此那場比賽也聚集了非常多的球探。在這群球探面前，雖然我的球速只有八十四到八十六英里，但我用我的方式讓對方打者一籌莫展。我記得我投了六局，只失掉一分，最後也以三比一擊敗了杭特跟阿拉巴馬。雖然我從來都不是什麼大物新秀，但我想大概就是在那場比賽之後，我開始讓一些人開始稍微關注我的表現。

在大四正規賽季結束後，我獲選為我們分區的年度最佳第二隊。我們球隊也闖進了分區季後賽，在客場對戰路易維爾大學(University of Louisville)。我對他們投了完美七局，八局無安打，卻在第九局被打出了再見全壘打。就這樣，我的大學生涯以一種預料不到的方式劃下了句點。

再次投身選秀會的我，在第五十輪獲得了巨人隊指名，但這個過程中卻有一個有趣的傳聞。我大學有個隊友名叫柯林・賽賓恩(Colin Sabean)，他的父親是時任巨人隊總管布萊恩・賽賓恩(Brian Sabean)。即便我從來沒有跟柯林確認過，但我相信他在選秀前曾經打電話給他的父親說：「嘿，你們應該在選秀後段選我的隊友麥克・羅力，他是一個好投手。」

讓我更加確信這個傳言是真的是在我進入巨人球團兩年後。那時我在小聯盟的球季中曾經一度在連續幾次先發當中，面對六十三名打者裡解決了六十二個，為此美國棒球刊物《棒球美國》(Baseball America) 特別為我寫了一個專題，他們還訪問了巨人隊裡負責選秀事務的主管迪克・泰卓 (Dick Tidrow)。在那個訪談裡泰卓說到，在選秀的最後一天，布萊恩・賽賓恩打電話給泰卓並要他在選秀的最後一輪指名我。泰卓又說到，在那之前，他從來沒有聽過我的名字，球團內部從來沒有針對我做過任何討論，他只是單純執行來自老闆的指令而已。

LOREE

CHAPTER 02

MIKE
MIKE
MIKE

第2章

指叉球的誕生

成為一位職棒選手，那是許多打棒球的人一輩子的夢想。我到現在都還記得選秀會當天在電腦螢幕上看到我的名字出現在巨人隊指名選手欄位上那股興奮的感覺，那種感覺或許一輩子都很難忘掉。在選秀會結束後不久，我帶著這股興奮之情順利的完成簽約，並被指派到新人聯盟，從牛棚出發。印象中我職棒第一次出賽就被打了一支全壘打，不過在那之後我漸入佳境，連續幾次的出賽都沒有失分。

來到職棒的環境之後，我看到我周圍的隊友們各個球速都可以上到九十二到九十五甚至九十六英里。而我一個剛被選進來，被放在牛棚的投手，速度只有八十四到八十六英里。在職棒這個競爭的環境，球速是其中一項被人關注的武器，我意識到如果我想要登上大聯盟的話，就必須想辦法把當初失去的球速給找回來。於是我開始用盡全力催球速，說來神奇，突然之間，我的球速回來了，我又回到了八十八到九十英里的水準。這是我在大二之後就沒有達到過的數字。我以為我在大學時就已經用盡全力在投球了，但沒想到來到職業的層級，看到無以數計的投手可以投到九十五英里，激發出了我要全力催球速的動力。不僅如此，我的球速回來了，而且完全沒有犧牲掉控球，我還是可以將球投到內外角我想要的位置。

然而正當我的新人球季看似一切順利之時，七月初的某一天，我發現我右腳好像長了一顆像青春痘的東西。而且好像一天一天在擴大，最後甚至腫了起來。我將這個情況告知球隊的防護員，但他似乎不以為意，只說：「晚上睡覺時記得把腳抬高。」

想不到過了一個禮拜，情況仍然不見好轉，甚至更加嚴重，讓我已經不太能正常走路了。幸虧這個時候，我的父母親剛好來到亞利桑那探望我，他們原本想要看我以職業球員的身分出賽，但這個怪病卻讓我無法登板，每天只能到球場做一些不知道是否有效的治療。他們下飛機的當晚，我們共進晚餐，他們一看到我的腳，就說：「喔，天哪，這看起來可不妙！」

隔天一早，我們再度一起共進早餐，他們堅持在早餐之後帶我去醫院。到了醫院，所有看到我的腳的醫生跟護士都露出了驚恐的表情，我很清楚，這可不是什麼好消息。此時我的整隻腳都已經腫起來，甚至有擴散到腳踝的跡象。

當天看診完我旋即就被安排住院並做更進一步的診察，最後確定我的狀況是耐甲氧西林金黃色葡萄球菌感染（MRSA，俗稱超級細菌）。第二天他們立刻就幫我動了手術，我的腳就這樣被切開，並且用點滴將抗生素打入我的腳，而另一邊則有另一條管線將我腳中的廢物排出，就這樣持續了二十四小時。

然而危機還未解除。又過了幾天，他們特別從猶他調來了一位感染病學專家，由他幫我動了另一次手術並注射更強效的抗生素。我在醫院總共待了七天，而我更是在出院之後才知道，如果當時的抗生素沒有效的話，他們可能要將我的腳截肢以避免細菌持續擴散到身體其他部位。

就這樣，我的新人球季戲劇般的結束了，等到我再一次站上投手丘時，已經是隔年春訓的時候了。春訓結束時我沒有進入低階一A的名單，而是被球團留在延長春訓。我懷著雄心壯志而來，結果卻被留在延長春訓，這樣的感覺一點也不好受，於是我去問了球隊的投手教練：「我要怎麼做才能被分發出去？」投手教練回答：「以你的球速，你的控球能力不能只是可以將球丟進好球帶，你必須要有能力隨心所欲的將直球丟在好球帶的任何角落。你的失投不能往中間去，你必須將你的進壘點集中在本壘板內外角各三分之一的位置。」

聽完教練的建議，我更專注在將球控得精準這件事。如果我要失投，我只會投得更內角或更外角，而不是投到中間去。這樣的投球哲學也幫助到我作為一個投手的成長。我的球速不比其他人快，當時也還沒有一顆夠好的變化球，或許教練就是發現了這點，才用心良苦的將我留在延長春訓中，期待我能做出一點改變，而我也必須改變，才能朝大聯盟更進一步。

在延長春訓待了三個月後，我跟著新的一批選秀梯次被分發到了短期一A，並定位為先發投手。當時的我已經二十三歲了，在短A這算是偏老的年紀。在短A我投得很好，如我前面有提到的，一度在連續面對的六十三位打者中解決了六十二位。《棒球美國》特地為這個紀錄寫了一篇專欄，也讓我在球團裡稍微有了一點點能見度。

隔年球季我被分發到低階一A。那年我的表現並不算特別好，自責分率來到四以上，三振數也不夠多，也沒有展現出足以讓球團認為我值得關注與培養的特質。雖然隔一年巨

凱莉從我選擇踏上棒球這條路開始，就一直是我最堅定的支持者與後盾。

人球團仍然邀請我參加了他們的小聯盟春訓，但職棒的舞台就是如此殘酷，沒辦法拿出頂尖表現的人就會在路途中成為被捨棄的「遺珠」，雖然我很努力想改變一切，但在春訓還未結束前，球團終究為我帶來了釋出的壞消息。這突如其來的釋出讓我霎時有點茫然，就像是有人把你通往夢想的大門碰一聲的關上。我從未想過我的棒球生涯會這麼快就迎來抉擇的交叉路口。

///

或許是上帝希望讓我知道我的棒球之路不該止於此處，在被巨人隊釋出後沒多久，有幾支獨立聯盟球隊與我聯繫想要網羅我，幾經考量之下，最後我選擇與隸屬於大西洋聯盟，離我老家只有三十分鐘車程的紐華克熊隊簽約。雖然是獨立聯盟，但這個聯盟裡許多選手都有二A和三A的經驗，甚至也有像班尼提茲(Armando Benitez)，艾方索(Edgardo Alfonzo)，史畢奇歐(Scott Spezio)這種有大聯盟實績的選手。

一開始我的表現並不好，前兩次先發分別掉了七分跟八分，如此難堪的開局讓我一度認為我會再次迎來被釋出的命運，所幸球團仍然願意給我機會，我也因此了解到，當時的我最大的問題就是沒有一顆好的變化球種可以誘使打者揮棒落空，所以我開始專注在攻擊打者內角，這才使我的表現稍稍回穩。

隨著球季的進行，我的表現仍然像雲霄飛車般的起伏不定，大部分的時候我還是投得很掙扎。一直到七月初，我在南馬里蘭州先發對戰藍蟹隊，儘管我投得還算可以，但我仍然缺少一顆決勝球，那場比賽最終也吞下了敗投。

休息了一天之後，隔天是我的牛棚日，我提早到了球場，便找了我當時隊上的好朋友捕手凱拉・凱厄(Kala Ka'aihue)幫我接牛棚。我一心想練成一顆決勝球，因為我的滑球從來沒有犀利到可以頻繁的讓打者揮棒落空，於是我跟凱拉說：「我想投指叉球看看。」

由於我們是提早到球場，當下並沒有任何的教練在場，就只有我跟凱拉。簡單暖身後，我就開始投指叉球，我嘗試了許多不同的握法，而我每投一球，凱拉都會給我一些反饋。就在投了大約二十顆指叉球後，我終於找到我後來一整個生涯都一直使用的握法。

然而畢竟是剛剛才掌握的握法，離熟練還差得遠，所以每一顆指叉球的品質都顯得很不穩定，不是每一球都投得出來我要的變化，但每當我投出來的時候，凱拉都像發現了什麼寶藏一般興奮的跟我說：「我認為這樣就對了！」我記得我還跟他說：「你不用因為我們是朋友而刻意鼓勵我。」但他一直跟我強調這些球的品質真的很好，我們可能真的找到了些什麼。

我整個牛棚投了大約四十球，全部都是指叉球，或許是他的興奮之情過於真摯，凱拉的話逐漸地說服了我，我開始相信也許這顆指叉球真的就是我一直在找的決勝球。這時離我下次先發還有兩天，為了能更好的掌握這項新武器，這兩天的時間我甚至連在外野傳接球時也持續嘗試投這顆指叉球。這時我指叉球的品質依舊時好時壞，但那些投得好的真的很犀利，於是我決定乾脆在實戰中直接的測試，讓下次的先發成為這顆決勝球的初登板。

下次先發面對的第一名打者，我取得兩好球後便投了指叉球。打者擊球點沒有掌握好，但卻打成了投捕之間軟弱的內野安打。凱拉剛好是那場比賽的先發捕手，我這時問了他：「這顆投得如何？」他回答：「非常好，你應該繼續使用它。」他的話讓我充滿了信心，於是我就把指叉球納入我的武器庫裡，從那一刻起，我開始取得大量的三振，從每次先發平均只能三振兩到三名打者，到後來球季結束時，爬升到聯盟三振榜上的第二名。

二〇一〇年原本應該是我棒球生涯的最後一年，獨立聯盟的薪水很難負擔我日常的開銷，因此，我原本打算在當年球季結束後退休，去曼哈頓找一份工作或者回到高中母校擔任教職，讓我的收入穩定一點。我的太太凱莉（Kerry）剛從法學院畢業就應徵上了一家規模很大的律師事務所，卻遇上了金融海嘯，當時許多公司都試圖縮減人事成本，凱莉也被要求延遲到職一年，不過事務所仍然會支付她部份的薪水。因此凱莉向我提議說：「既然我今年會有點收入，我們為何不搬回你父母的住處，節省一點開支，這樣你可以再打一年棒球。」她的支持讓我既感動又感謝，也帶給我再嘗試一年的勇氣。

於是我跟同屬大西洋聯盟的長島鴨隊（Long Island Ducks）取得聯繫，幸運的是，長島鴨的老闆剛好也是韋蘭諾瓦大學的校友，他直接交代球隊的總管說，要保留一個位置給我。

我的二〇一一年球季過得非常順利，指叉球也越來越純熟。與我搭配的捕手叫做JR・豪斯（JR House），他是一名非常有經驗的捕手，他甚至教會我如何針對對方的打線擬定投球策略。這個球季我也拿下了聯盟的投手三冠王，也就在這時我開始收到了一些來自亞洲球隊的報價，不過我最後選擇與匹茲堡海盜隊簽約，重回到小聯盟體系再次朝大聯盟挑戰。

我在海盜隊的二A結束了該年球季，接著去了墨西哥以及波多黎各打冬季聯盟，這也

長島鴨隊的老闆是我人生中的貴人，
讓我延續了幾度放棄的棒球之路。

是我人生中第一次在海外打球。同個休賽季我還去了韓國跟日本，分別接受了耐克森英雄以及樂天金鷲隊的測試，但是最後都沒有能夠簽約。

時間來到二〇一二年的春訓，我回到了海盜隊，但選擇在春訓結束後離開海盜隊重返長島鴨隊，因為我不想要待在延長春訓，再加上上一次的亞洲職棒測試之旅後，讓我興起了想要去日韓打球的念頭，這是個很不一樣的嘗試，但如果我選擇留在海盜隊的延長春訓裡，或許我以後再也沒有這樣的機會了。

我在二〇一二年的上半季表現很不好，甚至到七月時，我的防禦率還在五以上，這樣的成績別說是大聯盟，我想任何亞洲球隊都不會把我當作是補強的目標。這開始讓我感受到前所未有的沮喪，我背負著凱莉的期待，卻沒有辦法突破這現實的困境，一切似乎都往錯誤的方向前進。最後，我打了通電話給我父親。

「你有享受這一切嗎？」我父親問。

「沒有，我沒有從中得到樂趣。」我很誠實地回答。

「為什麼呢？你很幸運有這個機會可以打棒球，做你喜歡的事情，你已經打球打了一輩子，如果這是你最後一年打棒球，你必須要能夠享受並感激這一切。」他說。

我父親的這段話讓我茅塞頓開，並且改變了我的心態，我心裡想：「如果這真的是我最後一年打棒球，即使我打得再糟，我也要享受這中間的每一個過程。」於是我開始試著享受我在球場的每一天，享受與隊友相處的感覺，享受競爭的過程，我不再擔心我的成績，我不再試圖複製我去年成功的賽季。

或許是心裡糾結已久的死結終於打開了，在與我父親那段對話之後的一個半月裡，我的表現又恢復了之前的水準。也就大約在這個時候，我收到了來自Lamigo桃猿隊的合約。他們的主力投手銳當時受了傷，所以他們亟需要找到一名外籍投手來取代他，這就是他們找上我的原因。

在收到桃猿隊的合約之前，我對中華職棒的了解並不多，第一次聽說中華職棒，是在那不久前的一場比賽當中，對手愛國者隊派出了前兄弟洋將麥格倫(Jim Magrane)出場投球，當時板凳上聊天時有人說道：「這傢伙之前在台灣打球。」當時隊上還有一名隊友叫傑樂米(Jeremy Hill)，他曾經短暫的替誠泰Cobras效力過，他告訴我他很享受在台灣打球的時光。

在美國打球很容易對國外發生的事一無所知，我知道日本有職棒，但我原本甚至不知道墨西哥跟韓國都有自己的職棒聯盟，更不用說台灣了。因此，我不禁感到好奇：「台灣的職棒到底是什麼樣子呢？」

我在八月十號收到 Lamigo 的合約，這份合約只保障了兩個多禮拜的時間到八月三十一號。然而長島鴨隊當時戰績很好，我已經習慣也很享受這個球隊中的一切，所以這份來自遠方亞洲的合約，對我來說是猶豫大於驚喜，我不斷在思考著是否應該拒絕，或是應該跳出舒適圈去大膽闖蕩看看。

我打了通電話給凱莉，告訴她我收到來自台灣球隊的合約，但同時我也跟她說我想要拒絕這份合約。

想不到她完全沒有遲疑，很嚴肅的對我說：「什麼叫做你要拒絕這份合約？台灣你是去定了，在過去的兩年你一直想要的就是這個機會，如果你現在不接受的話，你餘生都會後悔的。而且，這份合約不過就兩周。最壞的打算，你兩周後回來，多賺了一點點錢，你還是可以跟現在這些隊友完成你的球季。」就這樣，我被她說服了。

決定要來台灣之後，我跟凱莉開始在網路上搜尋任何有關台灣的事情，當然，也看到了中華職棒曾經有簽賭的醜聞。然而對於這些傳聞，我並不特別擔心。我相信如果你愛惹事，那麻煩就會找上你，而我向來不是愛惹是生非的人，我只是去打棒球的。

但是基於好奇，我還是問了傑樂米，他告訴我他在台灣時從來沒有遇過，我的經紀人也告訴我，他已經介紹不少選手來台灣了，也都沒發生過什麼問題，有了他們的保證，讓我更加的放心，甚至開始期待這個令傑樂米懷念與享受的中華職棒，會帶給我什麼不一樣的體驗。

兩天後，我搭上了前往台灣的飛機。我記得坐在我的座位上準備起飛前，我告訴我自己：「不論接下來發生什麼事，在接下來的兩個禮拜我要全力以赴，享受一切，即使結果可能不如預期，至少我知道我已經竭盡所能了。」

LOREE

CHAPTER 03

MIKE
MIKE
MIKE

第3章

生涯最棒的比賽

抵達桃園國際機場後，Lamigo 派了兩名球團人員來接我到下榻的古華花園飯店，途中經過了 Lamigo 的主場桃園棒球場，球場的規模比我職棒生涯中去過的球場都還要大，想到不久之後就有機會在這裡出賽，我開始感到有點興奮。到了飯店大約是半夜，走進大廳，第一個進入我眼簾的就是陳金鋒跟林泓育真人尺寸的人形立牌，我記得當時心想：「原來在台灣職棒選手還滿受歡迎的嘛！」

經過一天的休息以及調整時差，隔天晚上我第一次走出飯店想要找東西吃，走著走著我來到了位於飯店隔壁的中壢夜市，我從來沒有看過夜市，這裡的一切都讓我感到很新鮮。我還記得在台灣自己點的第一餐是一碗乾麵，當時我的手機還沒有行動上網，所以我只要一離開飯店就沒有辦法使用網路服務，自然也沒有辦法使用翻譯功能。面對一句中文都不會說，試圖用比手畫腳的方式點餐的我，台灣的店家都很熱心助人，完全沒有不耐煩

桃園球場，這是我人生中第一次
見到如此具規模的場地。

的態度，讓我對台灣人留下很好的第一印象。

跟球隊會合之後，我很驚訝的發現，隊上許多球員的體形，如陳金鋒、林泓育、林智勝等，都比我一開始想像的還要粗壯。除此之外，當時隊上有一個熟悉的面孔，他就是球隊的另外一名洋將迪薩猛(Matt DeSalvo)。我們前一年都在大西洋聯盟，他也是我在波多黎各打冬季聯盟時的室友，在陌生的異鄉看到熟悉的面孔讓我多了一份安全感。

中華職棒各隊的外籍球員之間都會彼此交流，我剛來到台灣時，許多外籍球員都給了我一些如何在這個聯盟生存的建議，這些建議都很寶貴，很有參考價值，但是我認為，因為每個人的特性跟球風都不一樣，因此要了解一個聯盟最快的方式，還是透過自己的眼睛去觀察。在我看了幾場比賽之後，我很快的意識到這是一個非常有競爭力的聯盟，充滿著許多有速度跟力量的選手。我必須要拿出我的最佳表現才能夠在這裡生存下去。

隔天我跟著球隊下台中，在那裏我進行了我來台灣第一次的牛棚練投，我記得當天的天氣非常悶熱，我的狀況糟透了，指叉球都直接往地上砸，整體控球非常不理想。整個練投過程，洪一中總教練跟吳俊良投手教練都在我身後看著，我可以感受到他們對我的狀況是抱持著很大的疑慮的。

我投完牛棚後，球團部經理李崇德走過來問我：「一到十分，你覺得你今天牛棚表現大概幾分？」

「我不知道，大概兩分，也許三分吧。」我這樣回答。

「所以以你的水準，你覺得你今天這樣的狀況是不好的？」他接著問。

「是的，剛剛的表現並不算好。」

走回到更衣室，迪薩猛坐在那邊，我跟他半開玩笑的說：「我剛剛投了我人生中最糟的一次牛棚，我想我大概明天就領機票了吧。」這時，李崇德也走了進來了，他再一次跟我確認：「所以剛剛的表現只有兩到三分而已沒錯吧？」

「沒錯，剛剛的表現糟透了。」我再次回答他。

兩天後，我獲得了我在中職的第一次上場機會。我在對戰興農牛隊的雙重戰第一場比賽中中繼出賽，投兩局，沒有失分。我猜想大概是因為我上次練投表現得太糟糕，所以他們讓我先以中繼身分登場。在這之後，我在桃園得到了第一次的先發機會，對手是兄弟象隊。我完投九局，只失掉一分，我很開心我找回了我應有的表現，也取得了教練團的信任。

那場完投之後，八三一大限之前，我還有一場對上統一獅隊的先發，當時我猜測如果那場比賽投得好的話，我就一定能夠留下來，但如果投得不理想，那可能就還有一些討論的空間。最後我順利地擊敗了統一獅，如願在八三一大限之後留下來了。

能夠在八三一大限之後留下來，讓我十分開心，畢竟中職的待遇相比獨立聯盟可說是非常優渥，這也是我生涯第一次靠著打棒球賺到不錯的收入。除此之外，我們的球隊很有競爭力，正在為季後賽門票努力著。能夠為一支有季後賽希望的球隊效力總是令人非常興奮的一件事情。我只想繳出好成績，努力贏球，幫助球隊拿下總冠軍，才不會辜負球團對我的賞識。

第三場先發是在老台中球場面對興農牛隊，但那場比賽我吞下了加入中職的第一敗，對方先發投手是賴鴻誠。在那之後我又先發了大約五到六場，其中甚至還先發主投了我們下半季的封王戰，對我來說，那是一場讓我至今仍難以忘懷的比賽。

我從未想過在第一年到台灣時，就有機會在封王戰登板，真的是太特別的經歷了。

那一場封王戰是在新莊對戰兄弟象隊。以投球內容來說我投得並不好，我只投了五或六局，掉了四分左右，周思齊還從我手上打了一支擊中右外野標竿的兩分全壘打。但那場比賽我們的進攻發揮得很好，最後我們贏得了那場比賽，拿下了下半季冠軍，三壘側球迷也拋下了藍色的彩帶，這也是我第一次在球場上慶祝冠軍。在美國贏得冠軍時，都是回到更衣室才開始一系列的慶祝活動。因此，在球場上與球迷一起拋彩帶，噴香檳，分享奪冠的喜悅，對我來說是是第一次，也是極為特殊的經驗。

在球隊進入台灣大賽時，很不幸的，迪薩猛受傷了。所以我們名單中只有兩名洋將。而對手統一獅隊則是兵強馬壯，打線中有陳鏞基，潘武雄，高國慶。捕手則是經驗豐富的高志綱。當時幾乎所有的人都看好統一能夠拿下當年的總冠軍，我們就在這樣逆勢的局勢下開始總冠軍的征戰之旅。

台灣大賽第一戰由我先發主投，在台南對上強納森(Jon Leicester)。那是一場精采的比賽，滿場的觀眾，震耳欲聾的加油聲，可說是職棒選手夢寐以求的打球氛圍，在如此的情境下，容易讓人腎上腺素噴發，會讓人更希望能夠交出好表現，慶幸的是我做到了。我主投了七又三分之二局，只失掉一兩分。另外一名洋將菲利浦(Paul Phillips)接手我的投球

在逆境中成為總冠軍第一戰的先發投手，
激發了我拿出超過百分之百的全力。

也成功地拿下救援成功。

回想起來，這場比賽絕對是我生涯早期感受到最多壓力的一場比賽之一。除了對球隊的重要性之外，對我個人棒球生涯也是極為關鍵。畢竟我了解以職棒運動殘酷的性質，即便我正規賽季投的再好，若是我無法在季後賽這種高張力比賽中發揮，球團仍是很有可能選擇另覓他人的。如果我明年還想要繼續留在球隊效力的話，勢必得在這種至關重要的比賽中拿出最好的表現。

我在休息三天之後回到主場再度於第四戰披掛上陣。我投得還不錯，印象中投了六又三分之二局，順利拿下勝投。隔天我們在第五戰再度擊倒獅子大軍，總算在賽前一片不被看好的情勢下，順利拿下了台灣大賽總冠軍，但讓我最為驚喜的是，我也贏得了台灣大賽優秀球員獎，這個意料之外的獎項，讓這股勝利的喜悅更加的令人難以忘懷。

冠軍是每一個運動員終極的目標。當一個選手終於拿到冠軍之後，回想之前一路走來所做的努力，世界上沒有比這個更令人感到滿足的事情了。雖然我很晚才加入這個團隊，但我下半季的成績以及台灣大賽拿下兩勝都讓我感覺到我為這個冠軍做出了貢獻，我是屬於這個團隊的一份子，最後能夠拿下冠軍，這種美好的感覺是無與倫比的。

CHAMPIONS
CHAMPIONS
TAIWAN SERIES
CHAMPION
2012 CPBL
TAIWAN SERIES
CPBL
優秀球員
Lamigo
Lamigo
MONKEYS

台灣大賽之後，我們去打了亞洲職棒大賽。我的經紀人告訴我這是一個能夠讓日本跟韓國球隊看到我的好機會。在此之前，麥格倫跟羅曼(Orlando Roman)都因為他們在亞洲職棒大賽的好表現而獲得日韓球隊的青睞。來台灣前，我的資歷並不顯赫，我從來沒有打過大聯盟跟三A，在二A也只有七局的出賽紀錄。我很清楚，要讓日韓球隊知道我的能耐，唯有在球場上見真章才行。

我知道我要在對上三星獅的比賽中先發，所以早早就開始觀看情蒐影片以做好萬全準備，就在我觀看韓國職棒總冠軍賽的影片時，我注意到ＳＫ飛龍的外籍投手山提牙哥(Mario Santiago)的投球型態跟我非常類似，唯一的差別是他的球速比我快一點，大約在九十到九十二英里左右。那場比賽裡，他在跟三星獅的打者對戰中佔了上風，其中令我最印象深刻的是他非常積極地攻擊打者的內角。因此，在擬定作戰計畫時，我就告訴自己：「如果在場上有任何時刻我不確定要投什麼球時，我就投內角直球。」

第一局我就投了很多內角直球，特別是面對左打者，我可以很明顯的感受出這些打者對於內角球感到非常不自在，看到這樣的現象，我就知道我的策略奏效了。除此之外，我延續了讓我拿下台灣大賽優秀球員賞的好手感與自信心，再加上對身後隊友的信任，我勇

亞洲職棒大賽，我生涯最好的
一場比賽。

於將有品質的球塞進好球帶挑戰打者，與指叉球的快慢搭配也收到了很好的效果。最後我投出了一場九局的完封勝，這絕對是我生涯投得最好的一場比賽。

那場比賽之後，我原本很有自信隔年一定可以去韓國打球了，畢竟我身邊的每一個人都是這麼告訴我的。確實賽後也有幾支韓國球隊前來接觸，然而天不從人願，這些球隊在評估之後都做出了其他的選擇。最後我的希望落空了，於是再度於二〇一三年回到了Lamigo 桃猿隊。

二〇一三年剛開季時，我得坦承我那時非常心不在焉，滿腦子還在為了沒有韓國球隊簽下我而不愉快。這樣的心理狀態自然也影響到球場上的表現，我的成績非常的不理想，甚至已經糟糕到球隊考慮要把我換掉的地步。

當時球團簽下了新洋將悍力士(Ty’relle Harris)，我很清楚這是球團對我下的最後通牒。在壓力之下，我嘗試靜下心來跟自己對話，剎時腦中浮現了幾年前我在獨立聯盟陷入低潮時父親點醒我的那通電話。

於是我問自己：「你到底在幹嘛？你一心想去日韓，給自己這麼大的壓力，卻忘記好好珍惜你現在所擁有的。」在那個對話中，我提醒自己要對自己負責，回到初衷，不要為了無法控制的事物擔憂，把眼前的事情做好。

當時是六月，我下一場的出賽是在禮拜天滿場的觀眾下面對義大犀牛。當天球團已經讓悍力士隨隊一軍，如果那場比賽我沒有投好的話，悍力士就會馬上取代我的位置。在賽前，我衷心祈禱上帝能夠讓我留在台灣去彌補之前因為不能去韓國賭氣所犯的錯誤。同時，我再度和自己對話：「是你把自己搞到這步田地的，不管今天發生什麼事，你最好全力以赴，不能帶著任何遺憾退場。」

我把這場比賽當作是最後一場在投，第一局，一人出局，一三壘有人的情況下我面對到曼尼（Manny Ramirez），我當時心想，我的生涯能否延續就決定在這個打席，最後我用指叉球讓曼尼打成了雙殺打化解危機。度過第一局之後，我越投越順手，最後那場比賽投了七局只失掉一兩分。也暫時解除了失去工作的危機。

那場比賽即使悍力士知道我是他的競爭對手，他還是非常正面地幫我加油。同樣的我對他也從來不曾抱有任何敵意。我想我們彼此都很清楚這就是職業棒球的生態，即使他的出現可能會導致我失去工作，但他絕對不是有意針對我或任何人，他跟我一樣，只是很慶

2013 年為我上了寶貴的一課，
感謝父親當初的那通電話，讓我再次找回自己。

幸自己還能靠打棒球維生並試圖延續棒球生涯而已。

當天賽後我撥了通電話給凱莉，告訴她比賽的經過，電話的最後我特別跟她說：「我希望能夠得到再一次的出賽機會，如果還有下一場，我一定會全力以赴，享受這一切過程。」

二〇一三年的一切為我上了寶貴的一課，當時的我能夠靠打棒球賺錢，處在台灣這個美好的國家，身邊圍繞著一群很好的隊友，世界上有成千上萬的人希望能夠得到我所擁有的機會。但是我卻一直糾結在我沒有擁有的事物，導致最後差一點搞砸了原有的美好。從那之後，我學會珍惜我身邊所有的一切，這對我的棒球生涯，甚至於人生來說，都是很重要的轉捩點。

CHAPTER 04

MIKE
MIKE
MIKE

第4章

歡迎來到韓國

歷經二〇一三年上半季的震撼教育後，我了解到我必須專注在當下，感激所擁有的一切，並在每一次先發前都做好萬全的準備。在這樣的心態之下，雖然該年球季球隊沒能打進季後賽，但是我下半季的表現有如倒吃甘蔗，年底結算時繳出不錯的成績。全年先發了三十四場，破了聯盟紀錄，總共投了兩百一十八局也是該年度最多，同時拿下了聯盟三振王。

人生的際遇就是如此奇妙，機會往往在你停止強求之後才會降臨，球季結束大約一個月後，我收到來自日本千葉羅德隊的邀請，到日本參加了他們的秋訓，我去了大約八天，當時已經一個月沒有投球了，所以我先投了兩次牛棚讓他們觀察，經過評估之後，他們決定讓我在比賽中登板做更進一步的評估。我在那場比賽投的第一球是一顆直球，對方打者毫不客氣地一棒轟出大牆，那顆飛馳而去的球，就像在對我說「歡迎來到日本職棒」一般，對初來乍到的我來了一記震撼教育。但我並沒有因此就慌了手腳，接下來連續解決了六名打者，在剩餘兩局投球到退場前，都沒有再讓對方越雷池一步。然而，雖然我覺得我表現得不錯，但最後我還是沒有得到羅德隊的合約。

羅德隊的秋訓結束後，我回到家休息了一陣子。十二月初我去到了位於亞歷桑那州的土桑市（Tucson）參加韓國KT巫師隊的測試。流程跟羅德隊的差不多，我投了兩次的牛棚跟一次實戰。這次的際遇就跟在羅德隊時不同了，巫師隊提供了一份二〇一四年球季的保障合約，這是我生涯第一次收到保障合約，我也終於得到了我之前朝思暮想的機會了。

巫師隊當時是一隻擴編球隊，二〇一四年整季都只會在二軍出賽，所以該年度是以二軍標準敘薪。不過巫師球團告訴我，如果我在二軍表現好的話，等隔年跟著球隊一起升上一軍時，薪水自然也是一軍標準計算。考慮到韓國職棒薪資的天花板，我便決定賭一把，以較低的薪水加入了巫師隊。

巫師隊第一階段的春訓是在土桑市。我在一月中向球隊報到，原本球隊打算在兩到三周後簽下另外一名外籍選手。但這時候球隊母企業發生了一些財務醜聞，迫使球隊必須暫緩簽外籍球員的計畫。於是，有很長的一段時間，我都是隊上唯一的外籍選手。

來到夢寐以求的韓國職棒，面臨的挑戰卻超乎想像的巨大。

我原本以為，亞洲就是亞洲，既然我已經有在台灣打球的經驗了，適應韓國文化對我來說應該也是輕而易舉才對。到了那邊之後，我很快就意識到這個想法是多麼地天真，韓國跟台灣之間的文化有著很大的差異。

韓國在很多方面讓我想起紐約市。生活步調非常忙碌，你很難看到人們停下腳步來幫助需要幫助的人。我也注意到韓國人很注重自己的外在，我記得曾經在人來人往的地鐵站看到一個男子為了整理自己的髮型而在鏡子前面駐足了好一陣子。而翻譯也告訴過我，隊上的年輕選手一領到薪水就會馬上把它全部花在購買名錶或者名貴的飾品上，只為了讓自己的打扮符合外界對職棒選手的期待。

另外一個我感受到台灣與韓國明顯的差異是，台灣願意說英文的人明顯是比較多的。我自認沒有語言天分，不論是韓文或中文，我都沒有辦法很快的把自己提升到可以簡單溝通的程度，因此我仰賴英文跟大量的比手畫腳來跟人溝通。

這樣的方式在台灣幾乎隨時隨地都可以遇到願意且能夠了解我的需求的人。但是在韓國，很多時候人們一聽到我開口說英文，他們會直接說：「我不會講英文(No English)。」

絲毫沒有想要幫忙的意思。唯一的例外是大約十五到二十歲的年輕人。這族群的人英文普遍比較好，也比較願意幫助人。所以，後來如果我需要用英文尋求幫助時，我會特別找這個年齡層的人。

我認為韓國文化當中最重要的一點絕對是長幼有序，又或者在棒球圈稱「賢拜」的觀念。以日常對話來說，你跟長輩所用的詞彙與你跟平輩所用的是完全不同的。跟長輩用餐時如果你要喝酒，你必須轉過頭去，而不能直視長輩。

我剛到韓國時，他們跟我說不必在意這些規矩，只需要好好做自己。但是大約在一個禮拜之後，我可以感受到他們有意無意地透露出他們希望我能融入到這樣的文化裡。為了滿足他們的期待，我花了不小的功夫才漸漸適應了這些人際關係的小細節。

除了待人處世上的不同外，韓國棒球的賢拜文化也讓我見識到了幾件我以前在美國甚至在台灣連想都沒有想過的事情。

在一次先發日的賽前打擊練習時間，我在更衣室裡準備當天的先發，這個時候有三名年輕選手趁著練習的空檔回到更衣室小睡片刻。事實上這樣的行為在韓國是被允許的，問題在於他們睡過頭了，導致他們在練習結束後沒有回到球場上一起幫忙撿球跟收網子。這時候球隊最資深的球員走進來了，他把他們叫醒，要他們手扶牆壁，手拿教練棒就往年輕選手的屁股用力揮下去。

另外一次發生在春訓期間，我們到外地跟一支大學隊打熱身賽，該場比賽我們被大學隊痛宰。回到飯店時，我的房間被刻意安排在與本土選手不同的樓層。這時國際球探跟我說：「你等一下不要去球隊住的樓層。」

「為什麼？」我問道。

「他們等下會因為輸給大學隊而受到處罰。」

「處罰？什麼樣的處罰？」

「我也不確定，反正就是會有所處罰。」

我到後來才發現，全隊球員被罰在飯店走廊上面壁思過至少兩小時之久。

在團隊運動當中，因為做錯事接受懲罰是很稀鬆平常的，在美國也常常有球員被罰跑或罰做體能之類的情形發生。但像韓國這種近乎羞辱的懲罰方式，我絕對是第一次看到，更別說是發生在職業的層級，這對我而言，是一件幾乎無法想像的文化衝擊。

春訓第一階段結束後我們短暫的回到韓國，春訓第二階段地點是在台灣。我們在台中待了將近一個月的時間。回想起來，這是一段很孤單的日子。我是隊上唯一的外籍選手，隊上沒有太多人會說英文。球隊有幫我請一位翻譯，但老實說他給我的幫助並不大，大部分的時候他比較關心自己的事情。

春訓期間球隊作息日出而作，日落而息，然而我的翻譯熱愛夜生活，導致他常常早上載我去練球時遲到，他甚至會在練習途中躲回車上睡覺，而且一睡就是幾個小時。我試著跟球隊反應他的狀況，但因為語言的關係，球團當時選擇相信他的說詞，這讓我感覺到孤立無援。

這樣孤單的生活從春訓開始一直持續到四月。後來凱莉剛好因為換工作而有一段空檔，於是她就飛來韓國陪我，她一直在韓國待到了七月，這才讓我在韓國的生活有了可以說話的對象，不再是孤單一人。

身為隊史第一位簽約的外籍選手，球隊對我有非常高的期待，而一開始我的表現確實不錯。但就在正規球季的第四次先發的前一天，我一如往常地進行傳接球訓練，突然之間我的肩膀感受到一陣尖銳的疼痛，使我無法丟球。由於狀況來得實在是太突然了，事前也毫無任何徵兆，第一時間球團還以為我在撒謊。直到拍了核磁共振（MRI）之後，才確認我的肩膀有發炎跟夾擠的情形。

時間來到六月，巫師隊終於簽下了另外一位外籍球員，他是來自義大犀牛的希克(Andy Sisco)。希克當時正處於人生中最好的狀態，他在上一個休賽季靠著重量訓練跟飲食徹底的改造了他的體型。他的到來讓我重新檢視了重量訓練的重要性。由於高中打過美式足球的緣故，我對重量訓練並不陌生，一直以來我也很享受做重量訓練。直到去到獨立聯盟之後，當時因為我一度已經決定在球季結束後就要退休了，所以我減少了重量訓練的量，結果反而投出了不錯的成績。從那時開始，我就維持著那樣的習慣，雖然我還是會按部就班地完成基本的訓練，但並沒有花過多的心力在重量訓練上。

我的傷勢在經過短暫休息以及復健之後復原了，也重新回到了投手丘。但這時我的球速卻如同大三時一樣，掉到只剩下八十四到八十六英里。對於這樣的狀況，當時的我一時也找不到對策。希克知道我當時面臨到的問題，除了透過重量訓練加強肌力之外，他還建議我嘗試了各種不同的訓練方式，包含丟重球。他也提醒我要更注意我的飲食以及水分和電解質的補充。他讓我知道我可以為自己的生涯做更多的努力，當時我年紀接近三十，我不能再單純靠天份投球，用各種方式照顧自己的身體變得更加重要。現在回想起來，如果希克沒有影響我，讓我做出這些改變，我可能無法擁有一個如此持久的生涯。

韓國二軍的生活是很艱難的，特別是當時只有我跟希克兩名外籍球員在隊上，我們互相扶持，做什麼事都在一起，在球場上我們一起練習，下了球場我們還是在一起，特別是在凱莉回美國之後，我們幾乎每天都一起吃晚餐，然後一起看韓國職棒的比賽。隔年我們一前一後回到台灣加入義大犀牛，我們仍然像在韓國一樣一起傳接球，一起做重量，一起討論比賽的狀況。我與希克的友情絕對是我棒球生涯當中非常重要的一段關係。

我在巫師隊二軍投出不錯的成績，累積八勝零敗，防禦率大約在三左右。但是我的球速在傷後仍然回不來，最快只有八十六英里。可以感覺得出來球團非常在意我的球速，在球季中也不斷的針對這點提出他們的疑慮。當時為了符合球隊的要求，我想盡辦法要提升球速，但不論我做任何嘗試，我的肩膀就是無法找回受傷前的水準。於是在球季結束後，

身處異鄉的我，能有希克這樣一位重要的朋友與我一起奮鬥，甚至是互相支持，真是說不完的感謝。

巫師隊並沒有與我續約，就這樣結束了我短暫的旅韓生涯。

在確定巫師隊不會與我續約後，我的經紀人跟台灣的幾支球團取得聯繫。第一時間 Lamigo 跟義大犀牛就表達了興趣。Lamigo 是我的前東家，而義大犀牛的首席教練大威 (Dallas Williams) 則向高層強力的推薦我。

在與兩隊談判的過程中，義大犀牛提出的合約條件是明顯優於 Lamigo 的。我當時唯一的顧慮是義大的主場澄清湖棒球場，高雄夏天的氣候比較悶熱，澄清湖當時的投手丘也比較矮，對我的投球型態比較不利，所以我在 Lamigo 時期作客澄清湖時投球內容都不太理想。不過在幾經考量之後，我還是選擇與義大簽約，作為我重返中華職棒的起點。

CHAPTER 05

MIKE
MIKE
MIKE

第5章

釋出邊緣到三冠王

在韓國結束了諸事不順的二〇一四年球季之後，我回到亞利桑那溫暖的家。即使我當時還沒有和任何球隊簽約，但是我很確定我二〇一五年仍然想繼續延續我的棒球生命，我也對我的經紀人很有把握，相信他一定會幫我找到最適合的球隊。所以，在短暫休息兩週之後，我就恢復正常訓練。

自從在韓國受傷之後，我的球速一直無法回到之前的水準，對於任何一位投手來說，這都是一個不得不重視的問題，畢竟不論是在哪一個國家的職棒環境中，球速都是教練團評估投手能力最直接的項目之一。也因此，這個冬天，我最大的目標就是要找出能夠提升球速的訓練方法，我在網路上找到了一份傳動棒球（Driveline Baseball）的投球課表，於是我就按照這份課表，一週練習四到五次，這也是我第一次接觸到傳動棒球的訓練方式。

一開始我肩膀的狀況並沒有起色，甚至每一次投球，都伴隨著疼痛感。這樣的狀況讓我感到十分沮喪，還曾經向凱莉說過：「我覺得這個傷痛到退休前都會一直困擾著我。」

然而神奇的事情就這樣發生了，在我即將啟程前往台灣前的某一天，我一如往常的按表操課，當我作傳接球練習時，我發現疼痛的感覺竟然消失了，休賽季期間我沒有做任何的治療，肩膀就這樣自然地痊癒了。

來到台灣之後，這是我第一年跟著義大春訓，首先注意到的事情是這個球隊比韓國甚至Lamigo多了許多會說英文的人。總教練馮喬許(Von Joshua)和首席教練大威都是美國人，投手教練羅伯特(Roberto Espinoza)來自委內瑞拉。除此之外，隊上許多成員包含每一位防護員以及部分球員也都會說英文，當時隊上有胡金龍跟高國輝，季中還選進了林哲瑄。這讓我在隊上能夠更容易與大家溝通，也能夠更快的融入團隊。

春訓開始之後，我的肩膀已經完全沒有疼痛的感覺，不過一開始我丟球的狀況很差，投出去的球完全沒有尾勁。有一次我跟曹竣崵教練傳接球，結束之後他還特別用誇張的肢體動作讓我知道我投球的品質很糟糕。

來到了義大犀牛，最開心的是有許多能用英文溝通的隊友與教練們。

經過了幾次牛棚練投跟實戰打擊練習之後，我們進入到熱身賽。我的第一次出賽是在屏東對上Lamigo，那場比賽我投得差強人意，三局的投球裡掉了兩分。

接下來的出賽則是在官辦熱身賽，在台中對上了兄弟。我徹底的被打爆，只投了二又三分之一局就掉了六分，其中還被打了兩隻全壘打。在我被換下場後走回休息室時，總教練馮喬許走過來與我握手，我特別對他說：「至少這樣糟糕的比賽是發生在春訓，一切都還不算數。」

對於春訓荒腔走板的表現，我其實並沒有太過擔心。在我生涯當中，幾乎每一次春訓都表現得不好。休賽季跟季前的牛棚對我準備實戰的幫助有限，牛棚練投常常給我錯誤的訊息，有好幾次在牛棚時我感覺很好，各個球種看似有投出理想的角度，結果比賽中打者卻輕易的掌握住我的球路，我才意識到原來我的狀態沒有想像中那麼好。這些訊息都是需要經過實戰才能夠獲得的。

因此，我仰賴從對方打者面對我不同球種的反應去作出必要的調整。如果我的直球一直被右打者強拉到左半邊，那表示我球路的尾勁不足，又或者我的指叉球不斷的使對方打者揮棒落空，那代表我的調整已經步上軌道。

不過，即使我沒有很擔心我個人的表現，高層對我的耐心仍讓我略感焦慮。在台灣，球隊對洋將的要求非常之高。從我在二〇一二年第一次來到台灣時，迪薩猛就跟我說過：「如果你連續兩次出賽表現都不如預期，那麼你最好確保你下一次出賽有所表現，否則他們就會找人取代你。」

我當時的合約還有三個多月的保障期限，我很清楚高層對我的表現非常不滿意，但我不確定這是否足以讓他們決定認賠殺出。直到有一天，投手教練羅伯特接受媒體的訪問。其中被問到他會不會擔心我的狀況，羅伯特很有信心的回答：「羅力就是我的王牌，他在這個聯盟有成功經驗，我完全的信任他。」

羅伯特的這段話讓我心裡踏實許多，至少我確定開季後會得到上場證明自己的機會。否則羅伯特應該不會這樣跟媒體回答。然而，當時的我不知道的是，羅伯特一直到季末才告訴我，高層當時的確提過想要將我釋出。

就在慘烈的官辦熱身賽結束後一週，中華職棒二〇一五年球季開幕了。我照原定計畫擔任義大犀牛開幕戰先發投手。在台南面對統一獅隊。

在身穿義大犀牛球衣的第一場比賽，雖然球速仍未回歸，但經驗成了我致勝的武器。

YAMA
RAINBOW
34

我當時的球速仍然只有八十二到八十五英里左右。某一局局間我回到休息室後，當時隊上另一名洋將史密斯(Ryan Rowland-Smith)還跑來問我：「你是不是投很多變速球啊？」

我只能好氣又好笑的回答：「不，那是我的直球。」

儘管如此，我在那場比賽中找回了我過去成功的投球方式，擾亂對方的擊球節奏。再加上幸運女神似乎也站在我這邊，第一局得點圈有人時，潘武雄把一顆沒投好的指叉球擊成內野滾地球形成雙殺，化解危機。最後我投了七局無失分，順利拿下勝投。

在開幕戰拿下勝投後，我的第二場先發回到了澄清湖主場，對手依然是統一獅。這場比賽我投得很掙扎，五局的投球就被打了十支安打。所幸我有將局面控制住，只失掉了兩分。最後收下了第二勝，這兩勝也足以讓我獲選為三月份投手MVP。

即使我自知三月份的投球內容還不到最佳狀況，但是高層對我的表現感到非常滿意，他們最在意的數據就是勝場數，而我可是扎扎實實的幫他們拿下兩勝，自三月之後，他們就再也沒有想過要將我釋出了。

確保了我在球員名單上的位置之後，我的投球越來越有自信，投球狀況也越來越好。四月份結束之後，我再度拿下單月投手ＭＶＰ。而我的球速也隨著每一次的先發慢慢地提升。季中的時候，終於回到大約八十八英里的水準。

我們的球隊在上半季打得非常有競爭力，主力選手都處在當打之年，一度非常有機會問鼎上半季冠軍。可惜在關鍵時刻打了一波連敗，最後在桃園的三連戰遭到橫掃，確定與季冠軍無緣。

或許是因為這樣，就在上半季尾聲的時候，總教練馮喬許遭到撤換，改由羅伯特擔任代理總教練的職務。不過當時球隊上的大家都知道，這樣的安排只是暫時的，果然下半季一開始，球團就宣佈由原副領隊葉君璋擔任總教練的職務。

然而二〇一五年下半季時，聯盟做出了一項非常明顯的改變，那就是比賽用球的彈性係數。

講到這個，我必須先回溯到二〇一二年我剛加入中華職棒的時期。我將那個時期戲稱為中華職棒的「死球年代」(The Dead Ball Era)。我記得有好幾次我以為被打出全壘打而低頭懊悔時，轉頭一看才發現球在警戒區前被接殺出局。甚至在二〇一三年時，林益全全年只擊出了十八支全壘打就拿下了全壘打王。

一般來說，投手對於被擊出的球會不會形成全壘打都有一定程度的直覺。二〇一五年上半季，我並沒有感覺到球的飛行距離跟以往有什麼不尋常的地方。然而下半季開始時，我跟許多投手開始注意到有一些飛球飛得比我們感覺的還要遠。起初我們不以為意，認為只是偶發狀況。但是隨著球季的進行，這樣的狀況還是頻繁的發生。我們這才意識到比賽用球的彈性係數可能有所不同。

另外一個很明顯的證據就是投手群的防禦率。印象中，上半季結束時，自責分率排行榜前幾名的投手包括我，Lamigo的藍斯佛(Jared Lansford，Lamigo時期使用註冊名為蘭斯佛)，以及統一獅的賈斯汀(Justin Thomas)，自責分率都只有二開頭。但是球季結束後，我的自責分率來到三點四，賈斯汀的來到三點八，藍斯佛更是上升到四以上。

我不是一個在球季中會時時刻刻追蹤自己數據的人。但是我也知道，要以外籍球員身分在這個聯盟生存，我必須將成績維持在聯盟的前段。因此，我還是會定期看一下數據，以確保我各項數據在聯盟中都名列前茅。

有一些投手很在意自己的自責分率，甚至會去計算自己還要投幾局無失分才能將自責分率降到理想的數字。我在巨人隊小聯盟時期，也曾經帶著這樣子的心態投球，因為我知道要在小聯盟體系被注意到，我必須要有非常漂亮的自責分率。但是很快的我就發現，抱持著這樣的心態在場上投球很容易讓我分心，所以我開始學著在球季中不去看自責分率。

奪三振是我成功的公式之一。因為三振拿得越多，表示球被打進場內的機會越少，自然被打出安打的機率也會降低。如果一場比賽我投七局送出七次三振以上，那麼那場比賽有很高的機率我的表現是不錯的。

我每年給自己設立的目標都是三振要比投球局數多，被安打要比投球局數少。我相信如果我能夠達成以上的目標，那麼我的自責分率就會維持在一個良好的範圍。

話雖如此，我並不把三振打者當成是我唯一的目標。身為先發投手，很重要的一個任務是要把投球局數拉長，一旦我取得兩好球，我將竭盡所能地試圖將打者三振。但是每個打席的第一球，我的目標都是將球投進好球帶，取得球數領先，或者讓對方快速地出局，以節省我的用球數。

二〇一五年球季的好表現讓我入選了該年的明星賽，當年聯盟特別邀請了大聯盟明星吉昂比(Jason Giambi)跟羅德里蓋茲(Ivan Rodriguez)來台參加全壘打大賽。我帶著凱莉跟卡麥隆去參加明星賽前的晚宴，吉昂比跟羅德里蓋茲也在場。他們兩位都是我很崇拜的球員，凱莉說：「我們必須試著讓卡麥隆跟他們合照。」

於是我上前向吉昂比自我介紹，他的人非常好，簡單聊天之後，我就向吉昂比說明來意，他很爽快地答應了。就在我們擺好姿勢準備拍照時，吉昂比竟然主動對我們說：「嘿，你要我抱著你的兒子拍嗎？」

受寵若驚的我馬上就答應了，就這樣，我們留下了一張大聯盟巨星抱著我兒子的合照，這也是我參加四次明星賽以來最深刻的回憶。

來到球季尾聲時，我開始意識到我有機會拿下三冠王，當時許多記者都跑來問我有關爭奪三冠王的想法。對我來說，有機會拿下三冠王是一件很酷的事情，但這從來不是我追

2015 年在各項數據名列前茅的情況下，我成為了明星賽的一員。

ALL STAR
39

作夢也想不到有機會能在台灣與吉昂比這樣的大聯盟球巨星合照和互動，真是不可思議的 2015 年。

求的目標。每一場賽前做好充分的準備，上了場就全力表現替球隊爭取勝利，才是我一直以來打球的方式。

很幸運的是，在球季結束後，我的三振數和自責分率都領先全聯盟。我的勝投數則和藍斯佛並列，最後我憑藉著較低的自責分率拿下了勝投王，也確定拿下了三冠王。

在年度頒獎典禮上，為了感謝投手教練羅伯特整個球季以來給予我的幫助，我特別請他來擔任我的頒獎嘉賓。

在我先發的每一場比賽前，羅伯特都會和我一起坐下來擬定作戰策略。我本來就有寫筆記的習慣，我會將我的筆記拿給他看，他看完之後會給我一些他的想法。除此之外，他也教會我如何更有效率的整理筆記，將筆記去蕪存菁。

羅伯特帶給我的另外一個觀念是，投手必須積極且頻繁的攻擊打者的內角。過往在高中、大學時期，因為對手是打鋁棒，為避免長打，我基本上全部都投在打者的外角。進到職棒之後，我漸漸的學會如何內外角交替運用，藉此混淆打者。

二〇一四年在韓國職棒出賽時，我發現韓國的打者對於近身球感到相當不自在，於是我將內角球作為解決打者的主要武器。然而這樣的習慣，隨著我回到台灣之後漸漸又消失了。

羅伯特重新喚醒我腦袋裡貫徹內角球的意志，我使用直球的方式，也從原本外角為主，偶爾投進內角，到後來是轉變為幾乎以內角為主。特別是面對到左打者，我生涯中後期，面對到左打者只要是投直球，幾乎都投在內角。為此，我要特別的感謝羅伯特，是你的投球哲學，為我的棒球生涯帶來遠大的影響。

因為有羅伯特教練，才有
2015年投手三冠王的羅力，
謝謝你，羅伯特教練！

LOREE
LUREE
LUREE

CHAPTER 06

MIKE
MIKE
MIKE

第6章

永生難忘的回憶

拿下三冠王的我當時對於日韓仍然保有一點點想像，但我的經紀人評估，畢竟我前年才遭到KT巫師不續約，因此我可能需要在台灣維持一到兩年的好表現，才會讓日韓職棒球團再度對我展開興趣。

我在球季結束之後的前一兩個月都沒有收到義大想要與我續約的消息。就這樣一路等到了十一、十二月，我的經紀人才告訴我義大想要將我簽回，而同時間他也告訴我，大威跳槽到了中信兄弟隊，他也想要把我也一起挖角過去。不過我們當時都不確定大威在中信球團裡面到底有多大的影響力，而中信球團在那個休賽季也從未找過我。

最後，我跟義大在合約條件上達成共識，在二〇一六年球季再度替義大犀牛隊效力。我很高興能夠回到義大犀牛，在這裡，我跟我的隊友相處融洽，我也很喜歡葉君璋總教練，經過前半年的相處，我感覺到他是一個處處替選手設想的總教練，總是想辦法將選手放在最適合的位置，讓我們有機會能夠成功。

我跟義大在一月份時簽下合約，而我的大兒子卡麥隆（Cameron）的生日是二月十一號，我跟球團說好要幫他過完生日之後，才能動身前往春訓。

來到異鄉打球時，第一件事就是與隊上其他的外籍選手交流。外籍選手之間能不能相處融洽是很重要的，很多時候，如果你跟隊上其他的外籍球員個性不合，又或者對方是比較負面的人，這都會讓在異鄉打球的經驗更顯艱難，也會讓球季更加感到漫長。

二〇一五年春訓時，當時義大其中一個新簽下的外籍選手是力猛（Scott Richmond）。我們彼此自我介紹，聊著各自過往的棒球經歷。一般來說，如果你在棒球界待得夠久，那你就不免俗地會有一些共同的記憶，例如可能都跟同一個人當過隊友之類的。言談之中，我已經可以感受到力猛是一個既風趣又友善的人。

接著聊到了家人，力猛有三個女兒，我的兒子卡麥隆當時剛滿一歲，於是爸爸經成為了我們的共通話題。當時他隻身來到台灣，但是他的家人不久之後也計畫要過來。他對台

我與大兒子卡麥隆。

灣充滿好奇跟疑問，我也盡我所能地幫助他盡快適應並安頓好環境。

球季開始時，我們隊上另外一名外籍投手是潘力(Hassan Peña)。他也是一位友善的人，而且有著剛猛的球速，他被設定在終結者的角色，但是球季開始沒多久，他就投得很掙扎。

球季開始不到一個月，有一天，羅伯特跑來找我，他想知道我對去年 Lamigo 投手藍斯佛的看法。我回答他說：「他是個很好的人，去年的成績也很好，我不知道為什麼今年沒有人找他回來。」

接著我聯絡了藍斯佛，告訴他說我們球團問了我有關他的事，他也許有機會回台灣打球了，請他再留意一下。過沒多久，藍斯佛就真的跟義大簽約了。

我跟藍斯佛在二〇一二年曾經短暫的在獨立聯盟同隊過，但是我跟他的好交情主要是在二〇一五年建立的，他是個很好相處的人，加入球隊沒多久也跟力猛混熟了。因此在二〇一六年剩餘的球季中，我們三個成為了非常要好的朋友。

有了二〇一五年春訓的前車之鑒，我不希望球隊高層、教練跟隊友們對我產生春訓總是調整比較慢的壞印象。所以我將平常訓練的時程稍微往前調整了一點點，目的在於能夠讓我在春訓期間提早進入比賽狀況。

二〇一六年開季時我投球的感覺非常好，第一場出賽對上Lamigo，投了五局多掉了三分，但是我的投球內容比呈現出來的結果還要好。第二次先發也是相同的情形。我還特地找投手教練羅伯特討論，試圖了解為什麼今年明明在自認準備較充分的情況下，比賽結果卻不如預期。

雖然第三場先發表現好多了，主投八局只掉了一分，然而接下來的第四場先發，在高雄主場對上中信兄弟，我雖然投了七局，但是掉了四、五分。

當時，彈力球的效果已經非常明顯。所有投手都意識到今年的球飛得比較遠。很多投手因此改變自己的投球型態，開始投得比較閃躲。形成了一個惡性循環，因為怕被打所以投得比較開，導致球數落後，而被迫將球投進好球帶。而打者當時也處在一個非常有自信心的狀態。這一切的一切都是當時對投手來說相當不利的因素。

在開季經歷幾次不好的經驗之後，就像那年其他投手一樣，有很長一段時間，我都過度害怕我投的球被打到。投球內容也變得時好時壞，極度不穩定。印象中有不少場比賽我的感覺都不錯，然而可能在關鍵時刻一顆失投或甚至連失投都稱不上的球被打成全壘打，造成了大量失分的狀況，也讓比賽的數據與我投球的內容產生了落差。

我們球隊上半季的戰績並不理想，特別是對上中信兄弟時打得更是糟糕，在二十場的對戰裡面我們只取得了五勝。中信兄弟當年的打線可能是我生涯中面對過最難纏、最整齊的打線。從一到九棒幾乎沒有弱點，而且每位打者都充滿自信。

他們陣中以自由球員身分加入的林智勝為首，蔣智賢排在林智勝後面保護他，前段棒次有「花花」張正偉，他的纏鬥功夫一流，總是有辦法站上壘包。而守中外野的張志豪也有年產二十轟以上的實力。

我還記得那年每當我們到中信兄弟的主場作客時，每次我們開始在場上熱身的時候，他們都剛好輪到林智勝、蔣智賢、許基宏、張志豪在場上做打擊練習。在打擊練習的過程中，他們總是頻頻將球送出大牆。時至今日我仍然相信，這是對方總教練吳復連刻意的安排，目的在於利用他們陣中強打者的火力展示來達到恫嚇的作用。

在上半季接近尾聲時，義联集團發出聲明，表達想要轉賣球隊的意願。我在聽到消息的當下並沒有太深刻的感受。畢竟我在二〇一三年就曾見證過興農轉賣給義大的過程。對我來說，棒球就是棒球，不會因為球隊轉手而有什麼巨大的轉變。如果我明年想要繼續待在球隊打球的話，我更需要擔心的是我個人的表現。

不過在同一時間，我也能夠感受到在更衣室裡有許多本土選手對這件事情感到焦慮。我記得在義联開記者會之後，球員間開了幾次的內部會議。從我能理解的內容當中，大部分選手的共識是：「我們要拿出好表現給新東家看，以確保我們能夠維持未來的生計。」

下半季約莫剩下三十場比賽的時候，球隊還有機會爭奪下半季冠軍，當時我的自責分率還在四以上，即使這已經足以在聯盟當中名列前茅，但是我很清楚如果我沒有辦法提升我的數據，球團很有可能會認為他們明年能夠從三A甚至大聯盟層級裡找到更有力的外籍球員來取代我。如果我想要延續我的棒球生涯，我必須好好把握今年剩餘的出賽機會。

抱持著這樣的心情，在某一次先發日的早上，我獨自來到了一家85度C。坐下來之後，我再度靜下心來與自己對話。我告訴自己：「今晚，你必須展現出最有侵略性的投球內容。你要全力投球，用高品質的球路攻擊好球帶，你不能怕被打，你要充滿自信，成為讓打者會懼怕的投手。」

可能是早上的自我對話起了作用，我在當晚的比賽中投得非常好，也開啟了一波個人的高潮，讓我的球季有一個非常好的收尾。印象中我在球季的最後十六局都沒有失分，也讓我的自責分率剛好降到了四以下。

也就在差不多的時間點，球隊確定由富邦集團接手的消息傳了出來。從那一刻起，球隊的表現就像打了一劑強心針一樣，開始突飛猛進。

我們的投手群表現優異，我們的防守為全聯盟最佳，我記得我們球隊所製造的雙殺守備次數是遙遙領先全聯盟的。我們在關鍵時刻的打擊表現也非常優異，雖然我們不常打爆對手，但是我們贏下了非常多比分接近的比賽，幾乎每個晚上都有不同的人跳出來當英雄。隊上的每一個人都對球隊的勝利作出貢獻。

下半季的最後三十場比賽，我們打出了卓越的內容，從小小的成功開始，雪球一路越滾越大，到後來所有人都開始相信「嘿，我們可以做到！我們有機會打進台灣大賽。」

從原本對於球隊轉賣的擔憂，到想要交出好表現給新東家看的心情，最後轉化成強大的信念。大家開始意識到，只要我們專注在把今年做好，拚進台灣大賽，並且在台灣大賽拿出好的表現，那麼明年的問題就會迎刃而解。

在那段期間裡，我知道我們的防守非常好，所以我的比賽策略就是積極的攻擊好球帶，節省用球數，想盡辦法把投球局數拉長，並把失分控制在一定的範圍裡，我對我們的打擊有信心，只要我能做好我的部分，我深信我們就一定能夠獲勝。而大部分的時候，我們也真的能夠做到。

許多人都說林哲瑄是我們下半季奪冠的關鍵人物，我也同意這個論點。哲瑄無論是在球場上還是在休息室裡都維繫著球隊的氣勢。雖然他當時還不是隊長，但是我和其他外籍球員私底下都會半開玩笑地叫他隊長。我們隊上雖然有像林益全和高國輝這樣成績優異的明星球員，但哲瑄天生的領袖氣質在這群明星球員當中仍然是顯而易見的。

我們的球員因為哲瑄而團結起來，他除了激勵所有選手努力不懈的奮戰，也要求大家為自己在場上的行為負責。除此之外，他那年在攻守兩端的表現都很優異。他是聯盟最好的中外野手，擔任前段棒次的他是很稱職的攻勢發動機。只要他上壘，他就會展現非常具侵略性的跑壘。他用正確的態度打球，帶起了球隊一波又一波的攻勢。

順利拿下下半季冠軍之後，我們進入了台灣大賽。對上的就是上半季冠軍的中信兄弟。我不認為有任何媒體或球迷看好我們能夠擊敗中信兄弟。特別是考慮到正規賽季的對戰成績，印象中我們在上半季從來沒有取得對戰二連勝過。

即使在我們球員之間，內心深處對於能夠擊敗中信兄弟也是抱有一絲懷疑的。正規賽季對戰時遭受到的挫敗在我們心中留下了不好的記憶。雖然球隊在下半季的狀況很好，但是我們知道中信兄弟是非常強大的對手，我們必須拿出最佳表現才有機會擊敗他們。

台灣大賽就在這樣的狀態下揭開了序幕。

台灣大賽第一戰在中信兄弟主場洲際棒球場舉行，我知道今天這場比賽將會有滿坑滿谷的象迷，賽前搭著球隊巴士來到球場時，球迷就已經在場外聚集了。中信兄弟在台灣大賽的口號是「達陣」(Touchdown)，所以象迷幾乎人手一條上面寫著「達陣」的黃色毛巾。對於眼前的景象，我第一個想法是感到很有趣，因為達陣一般來說是美式足球用語，在棒球場上是很罕見的。但是同一時間，這樣的場景令我既緊張又興奮。能在這樣的環境下出賽應該是每一位競技運動員所夢寐以求的。

比賽開始後，前面幾局我投得還蠻順的。在大約第四局的時候，我遇到了亂流。兩人出局滿壘的狀況之下，我被我的好朋友鄭達鴻打出了一支左外野方向的安打，帶有三分打點。後續我也沒有能將局面控制住，又被王勝偉打了一支一分打點的安打。四局沒有投完我就被換了下場。

我對於我自己在第一戰的表現非常不滿意，我認為我已經做好了萬全的準備，但比賽的走向卻沒有如我預期般的進行。球隊在比賽後段試圖反攻，但最後功敗垂成，我們以一分之差輸掉了第一戰。

第二戰我們以大比分再度落敗，在系列賽中陷入了零比二的劣勢。中信兄弟在前兩戰徹底的發揮了他們在攻擊上的優勢，而我們感覺起來則是被他們的進攻火力震懾住了，打起來綁手綁腳，沒有將我們在下半季的球風展現出來。

第三戰是整個系列賽的轉捩點，我們的先發投手是力猛，對上中信兄弟的艾迪頓 (Nick

Additon)。比賽進入中段時，我們仍處於落後。但就在這個時候，中信兄弟的守備接連的發生失誤。先是中外野手張志豪發生接球失誤，接著游擊方向的準雙殺球穿過了王勝偉的雙腿。我們一舉將比分逆轉。在我看來，那個半局點燃了我們的氣勢，他們堅不可摧的自信心，也開始動搖起來。

第三戰扳回一城之後，葉君璋總教練在賽後把我叫到了他的辦公室，他想要知道我對於休息三天之後於第四戰先發有什麼想法。

「如果你需要我投第四戰的話，我會準備好的。但不論你怎麼決定，我都接受。」我回答。

葉總當下並沒有給我答案，我後來才得知他決定由黃亦志主投第四戰。我完全尊重葉總的決定，而事後也證明這個決定是正確的。黃亦志投了一場精采的比賽，主投五局，只失掉一分。我們扳平了系列賽。我跟藍斯佛在下次出賽前得到了更充裕的休息天數。

系列賽戰成平手之後，第五戰再度輪到我先發，這場比賽的重要性是不可言喻的，我把壓力放在自己身上，要求自己一定要幫助球隊把明天的比賽贏下來。

39

前兩局我投得還不錯，球隊的進攻也很幫忙，很早便幫我取得三分領先。進入到第三局，我在滿壘時保送了蔣智賢，這使得林智勝在落後兩分，一出局，滿壘的狀況下上場打擊。

我對林智勝先投了兩個壞球，球數陷入落後，這時我已經連續投了六顆壞球了。牛棚此時已經有人在熱身，我知道如果再投出保送的話，我很有可能會被換下場，這樣的話我就無法幫助球隊獲勝。我告訴自己：「接下來要投外角直球，林智勝一定會全力揮棒，我要投出我這輩子最好的直球，我必須把球投進好球帶。」

面對我所投出的外角直球，林智勝果然全力揮擊。他完全掌握住了揮棒時機，只差幾毫米這球就會被完全咬中，所幸最後只形成了本壘後方的擦棒界外。

我與林智勝持續纏鬥，球數來到兩好三壞。我投了顆指叉球，球的進壘位置在好球帶裡，但是球的位移足以破壞林智勝的打擊節奏，他打成了三壘方向滾地球。當時的三壘手李宗賢成功的策動了雙殺，我們帶著領先的優勢結束這個半局。

在第一戰的失利之後，第五戰再次先發上陣的我有著不能輸的決心。

化解危機後我心情非常振奮，一路投完了六局。一直到第七局被第一名打者打出了三壘方向車布邊的二壘安打之後才被換下場。羅華韋接手投球，他與接續的牛棚投手都沒有再讓對手越雷池一步，我們也總算拿下了第五戰。事隔多年回想起來，面對林智勝那個打席，絕對足以改變整個系列賽的走向，而兩好三壞時那顆指叉球，很有可能是我生涯投過最重要的一球。

第六戰是一場瘋狂的比賽。我們派出藍斯佛先發，第一局他就被打了一支三分打點全壘打。不過接下來的六局，他都沒有再失分。我們一直到第九局都還處於落後，而中信也換上了他們的救援投手陳鴻文。

第九局一開始，林哲瑄靠著內野安打上一壘，接著「火哥」張建銘代打打出了一支中右外野方向的二壘安打，那球打出去的瞬間我們休息室都沸騰了。延續這股氣勢，下一棒高孝儀打出了穿越中間方向的一壘安打，追平了比分。最後則是靠著對方一壘手「恰恰」彭政閔的失誤攻下超前分，我們離台灣大賽冠軍只差三個出局數了。

帶著領先進入九局下半，我們投手換上了黃勝雄。兩人出局之後，張正偉打了一個中外野前方的小飛球，林哲瑄撲了下去，第一時間裁判宣判接殺出局，所以我們全部都衝出去慶祝。但中信兄弟這時也提出了挑戰，在漫長的等待之後，這球被改判為落地。

改判之後，我當時心想：「這可不太妙，對於勝雄來說會是個很艱難的挑戰。」選手在比賽結束的瞬間會卸下心防，在這麼高張力的局面要重新開機絕對不是一件簡單的事。然而，黃勝雄當時的表現令人不可思議，事實上，他整個下半季的表現都像個大聯盟等級的左投手。比賽恢復進行之後，他只用了兩顆球就讓張志豪擊出三壘方向的滾地球抓到了第三個出局數。

比賽結束了，我們贏得了台灣大賽，這一切都太令人感到驚奇了，在台灣大賽開始前幾乎沒有人認為我們可以擊敗中信兄弟。我在衝上場的過程中不停地大喊：「我真不敢相信，我們做到了，我們他媽的做到了！」

這是我第二次在中職拿到總冠軍，但是這座冠軍對我的意義是遠大於第一次的，在二○一二年跟著 Lamigo 拿下總冠軍時，即使隊上所有人都對我非常好，但是我當時才加入那隻球隊不到兩個月，光是適應新環境，認識所有人就足以讓我忙不過來了，所以我根本沒有時間與隊友們進一步建立關係。

這是我中職生涯第二次的總冠軍，
也是最令我難以忘懷的一次。

義大
Kaohsiung
51
RAINBOW
56
ibon
4

跟義大奪冠時，因為前一年就已經在球隊上了，我跟隊上許多球員像國輝、哲瑄、火哥等人都已經成為很好的朋友。在練習的空檔，郭勝安還有胡金龍也會跟外籍球員一起玩撲克牌，長時間的相處讓我們團隊的感情更緊密，建立了革命情感，能夠每天跟一群好朋友一起打棒球是非常好玩的，我們也一起寫下了這段美好的故事。

二〇一六的球季中，我跟球隊一起經歷了高低起伏，從上半季的低潮，下半季一開始在五成勝率之間徘徊，後來漸入佳境到最後克服萬難拿下總冠軍。因為經歷了這一切，讓這座冠軍將永遠在我心目中有一個特別的位置。

二〇一六年球季另外一件很特別的事情是，我跟力猛以及藍斯佛所建立的友誼，那個球季我們做什麼都在一起，我們很享受一起打球的時光。我們的家人當時都在台灣，他們彼此也成為了很好的朋友，那年我們三個家庭一起共進了無數的晚餐，度過許多歡樂的時光。這段友情如今也一直延續下去，我們三個家庭都住在亞利桑那，離彼此只有大約三十分鐘的車程。每年休賽季我們都會一起打高爾夫球，我們的的家庭也會定期聚餐。

這一年對我來說是收穫滿滿的一年，我所屬的球隊拿下了總冠軍，我個人結交了兩位一輩子的摯友。這一年所發生的點點滴滴，都將成為我永生難忘的回憶。

2016年球季帶給我的除了總冠軍，
還有兩位最要好的戰友與朋友——
力猛及藍斯佛。

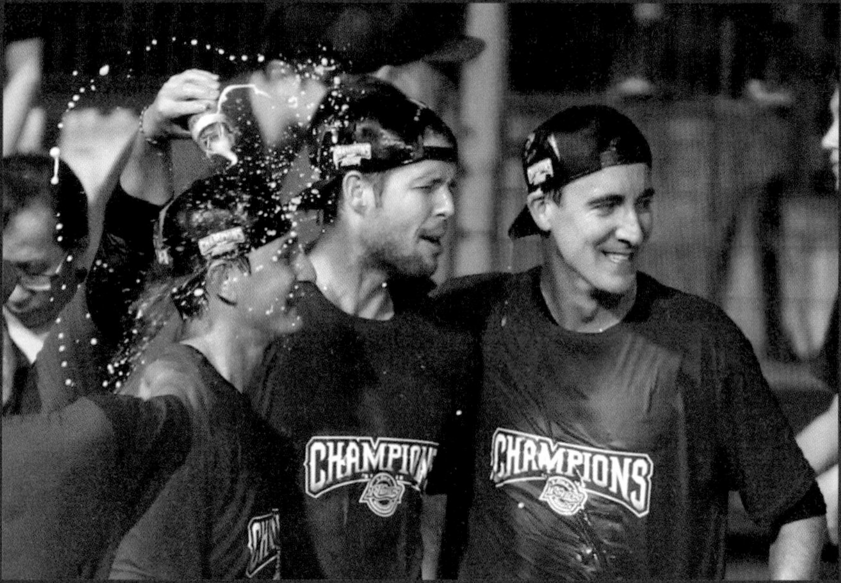

LOREE

CHAPTER 07

MIKE
MIKE
MIKE

第7章

失望的賽季

可能是前一年才拿下總冠軍的關係，富邦在二〇一七年接手球隊之後，除了球衣顏色換成藍色之外，並沒有馬上作出太多的改變。我的隊友大部分都獲得留用，春訓地點仍然在高雄燕巢，球隊也還住在之前義大世界裡的宿舍。

來春訓報到之前，我整個冬天都和陳用彩(Bruce Chen)以及索利亞(Joakim Soria)一起傳接球。能夠每天跟兩位戰績顯赫的大聯盟選手一起聊棒球對我有很大的幫助，也讓我從報到春訓的第一天起都維持不錯的投球狀況。

不幸的是，正當我做好準備迎接新的賽季時，就在春訓的最後一場比賽當中，我拉傷了我的腹肌。我在韓國打球的期間肩膀曾經受過傷，在二〇一六年時我的鼠蹊部也曾經短暫感到不適過，但是腹肌的傷勢，還是我生涯第一次。

因為我從來沒有拉傷過腹肌，我完全不知道腹肌拉傷到底是怎麼樣的感覺，發生的當下，我只感覺到有點緊緊、怪怪的，於是我持續的在場上投球。又投了幾顆之後，這不舒服的感覺更加劇烈了，我意識到我似乎不應該再繼續投下去了。

我把狀況反映給防護員，防護員問我：「你覺得是抽筋嗎，還是拉到了？」

「這不像是是抽筋，我感覺非常不對勁。」我回答。

當天晚上，我連睡覺都很不舒服，甚至連早上起床都有困難。當下我就知道，我二〇一七年的賽季勢必要從傷兵名單出發了。

開季就進入到傷兵名單是一件很令人懊惱的事情，唯一慶幸的是，我在二〇一五、二〇一六年球季都繳出了不錯的成績，所以二〇一七年的合約有比較長的保障期限。再加上葉君璋總教練對我也很有耐心，讓我能夠心無旁騖地復健，否則以過往中華職棒對於外籍球員的標準來看，搞不好我當下就被球團釋出了。

受傷期間雖然身體能做的事情有限，但頭腦並沒有閒下來，我利用隨隊一軍比賽的機會觀察其他成功的投手，看他們如何解決打者，再進一步思考要如何應用到我的投球策略當中。那段期間，我觀察最多的一位投手就是 Lamigo 隊的道恩斯 (Darin Downs)。

我注意到道恩斯不論是對戰左打或右打，他都會攻擊打者的內角。內角直球一直都是我拿手的武器之一，看到道恩斯在中職取得成功之後，我對於內角球的使用就更加執著了。

然而復健的過程可說是一波三折，我記得在傷後第三周左右，在復健傳接球時，我因為用力過猛，導致傷勢加劇，使復健流程又延後了大約一週的時間。一直到四月底，我才第一次踏上一軍的投手丘。

可能是復健期間的訓練夠扎實的關係吧，傷癒復出之後，我投球狀況非常好，三振了很多打者，每局被上壘率也控制得非常好，大部分的出賽也都可以把局數投長。但是這樣的內容卻沒辦法轉化成勝投。上半季結束時，我只拿下四勝。我當時心想：「今年應該是沒辦法角逐勝投王了，但至少要在球季結束前達到十勝吧，這樣我下半季必須至少拿個六勝。」

富邦接手後的第一個半季的戰績是令人感到失望的，下半季開始之前，球員內部跟投手群都開了不少的會議，檢討上半季的缺失。我們下半季第一場比賽是在台中，以主場的身分迎戰中信兄弟。教練團欽點我擔任先發，我知道這代表的意義，背負著教練團對我的信任，我必須拿出好表現，帶領大家走出陰霾，給自己跟球隊一個好的開始。

那場比賽我投了九局，拿下完封勝。這是我在台灣的第一場完封勝。有了好的開始，我下半季的表現可說是順風順水，球季結束前我連續十次的出賽都沒有吞敗，拿下九勝。

二〇一七年下半季可說是我職棒生涯以來投得最優異的一段時光。當時的我有多顆品質好，且能夠投進好球帶的球種，我的控球也非常好，可以精準地把進壘點控制在內外角，破壞打者的平衡。

時間來到九月，我注意到我可能有機會再度拿下三冠王。我的勝投數與 Lamigo 隊的賽格威 (Zack Segovia) 很接近，而在三振數上，則是和 Lamigo 隊的史博威 (Zeke Spruill) 不相上下。

不過，當我在場上投球時，我試著不去想有關三冠王的事情。我投球是為了幫球隊拿

雖然上半季失望的結束，但下半季的首戰我總算沒有辜負期待，拿下在台灣的第一場完封勝。

下勝利，而不是取得個人成績。我認為如果我專注在幫球隊取得勝利，那麼我的投球數據就自然不會太差。

我在二〇一七年拿下三冠王的過程幾乎和兩年前一模一樣，我的勝投數和賽格威並列，但我憑藉著較低的防禦率奪下了勝投王的寶座。不過，即使是這樣，球隊在下半季的戰績跟上半季相比並沒有太多的起色。這大幅減少了我對於拿下三冠王的喜悅。

我原本就不是一位非常看重個人成績的人，特別是球隊戰績不佳時，任何傑出的個人表現對我來說都沒有太大的意義。一直以來，我打球的目標就是要爭奪冠軍。前一年球隊拿下總冠軍的時候，即使我個人表現受到比較大的挑戰，但整個爭冠過程中帶給我的喜悅及興奮程度是遠大於拿下三冠王的。

來到二〇一七年，我投出個人生涯最佳的球季，但我們球隊卻離季後賽的席次非常遠。這種感覺是難以下嚥的，身為一位充滿好勝心的選手，我每年都希望能夠打進季後賽，季後賽滿場觀眾那種令人感到興奮、激發出腎上腺素的大場面，才是我每年追求的終極目標。

歷經了二〇一七年失敗的球季後，富邦球團在二〇一八年季前進行大幅的補強。簽下了蔣智賢、張正偉、陳鴻文等人，外籍選手的部分則補進了來自中信兄弟的伍鐸 (Bryan Woodall) 以及來自統一獅的布魯斯 (Bruce Billings)。

我對於球隊在季前的動作感到興奮，伍鐸前幾年的成績非常好，布魯斯也是中職公認非常好的一名投手。張正偉在中信兄弟時期是一名總是讓我很頭痛的打者，而智賢更是MVP等級的打者。這兩名打者的加入，讓我們的打線更加的完整。帳面上來看，我們是一支非常好的球隊。

我在這年休賽季的目標是增加球速，因此，我找了知名訓練師克雷希 (Eric Cressey) 做訓練，依照他們的建議，我增加了許多肌肉。在春訓報到時，我處於人生中最強壯的狀態。而我該年直球的均速也來到了生涯新高。球季剛開始，我的狀況就非常火燙。我在四月下旬的連續兩場先發當中，分別奪下了十一次跟十三次三振。

這樣的狀態進入到五月，在一場對 Lamigo 的比賽中。對方打者郭永維打了一個投手方向的強襲平飛球，打到了我的脖子，差一點就正中我的頭部。這球雖然對我的身體沒有造成太大的傷害，但在我心裡卻留下了不小的陰影，下一場對 Lamigo 的先發，整場比賽我有如驚弓之鳥，每投一球都擔心會被打回投手方向，進而影響到我的投球機制，也讓我的控球完全不聽使喚。所幸那場比賽對方打者很捧場，揮了很多完全不該揮的球，才讓我那場比賽不至於投得太難看。

然而再下一場比賽就沒那麼幸運了，我被統一獅爆打一頓，三局多的投球就掉了六分。我有著很強的好勝心，但那場比賽是我人生中唯一一次在內心暗自期盼教練團趕快把我換下場。在此之後，強襲球的陰影仍然在心中一直揮之不去，使得我上半季的表現每況愈下。自責分率一度超過四。

上半季接近尾聲時，我跟凱莉聊到下半季的目標。如同二〇一七年一樣，我認為如果在下半季能夠拿下六至七勝，那麼一切都將回歸正常。同一時間也為自己做心理建設，告訴自己：「聽著，如果你持續擔心被打到，那麼你的棒球生涯將到此為止。你能做的就是好好投球，被打到就被打到，沒什麼大不了的，如果真的那麼擔心被打到，那你就專注在把球控在好球帶的兩側。」

下半季開始沒多久，葉君璋總教練就以戰績不佳為由，辭去了富邦的總教練職務。我對葉總這個決定感到非常遺憾，我一直都認為葉總是一位很好、很挺選手的總教練，他把我們當成年人對待，把我們每一個人擺到正確的位置上去發揮。是我們球員辜負了葉總，沒有達到他對我們的期許。

在二〇一六年奪冠後一年半的時間裡，我們心態過於放鬆和自滿，使我們無法打出應有的成績，到最後導致葉總必須辭職負責，我想隊上很多選手一直到失去他之後才意識到他是一位多麼好的人、多麼好的總教練。

身為職業球員，你必須時時保有警覺心，這份警覺心能讓我們在場上與對手拚戰，也能讓我們不會輕易被取代。特別是身為外籍選手的我，更是不能鬆懈，因為我知道在美國以及拉丁美洲有成千上萬名選手等著取代我的工作。可惜的是，當年可能有少數球員失去了這樣的警覺心。

富邦時期的葉總認為隊內的資深球員不需要特別提醒，就應該知道要以正確的方式面對比賽。我也認同這樣的觀念，在職業的層級裡，要求選手態度本來就不應該是總教練主要的職責所在，這樣的要求必須來自選手內在。年輕選手本當保持飢渴的心，而資深球員則需要保持警覺，不被取代。但是顯然當時的情況並非如此，又或許這就是台灣棒球文化

葉總是我認為對選手非常好的一位總教練，失去他對我來說充滿了遺憾。

跟美國有所不同的地方，台灣選手對於工作的警覺心與其他地方的選手比較起來，是稍嫌不足的。

在我生涯當中有幾度真的很想集合大家並點出球隊的問題，然而我總是認為，同樣的問題從本土資深球員口中提出會有比較好的效果。身為外籍選手，縱使大家跟我都是好朋友，也很尊重我，我還是感覺自己在某種程度上是個局外人。因此，只有在球隊的本土領袖召開球員會議並詢問我的看法，而剛好心裡有些有建設性的想法時，我才會發表我的意見。我在台灣經歷過幾次由外籍球員主動召開的會議，效果都不是很好，所以，我從未主動召開球員會議過。

礙於文化以及語言的隔閡，我認為最有效能夠傳達我內心感受的方式就是以身作則。我不敢說我所做的一切都是對的，但我試著用正確的方式做每一件事。我在重訓室裡跟在球場上都認真訓練，我尊重場上每一位球員，試圖幫助年輕球員成長。當我輸球時，你會看到我努力加強自己不足的地方，下一次的出賽時，如果不幸又失敗了，大家會知道絕對不是我偷懶所造成的結果，如果我獲勝了，大家也會看到我為了重新贏得勝利所做的一切努力。

葉總後來接下了味全龍隊總教練的工作，從我對味全龍這支球隊的觀察，我感覺葉總在離開富邦之後稍微調整了他的領軍風格。可以看的出來他仍然是那位受球員愛戴的總教練，但同一時間，我也可以感受到味全龍這批球員在場上的警覺心以及面對比賽的態度，是我們當時所缺乏的。

陳連宏在二〇一八年下半季接下了總教練的位置。他的話不多，但在休息室裡，他是非常有威嚴的。他接手後，休息室裡的氣氛有明顯的變化，球員鎖緊了原本鬆掉的發條，變得比較有危機意識。

陳連宏總教練對我很好，我們保持著良好的關係。跟葉總一樣，他在球場上也是非常的挺選手，屢次為了我們挺身而出。對我來說，當總教練會因為選手在場上受委屈而有激烈的情緒反應時，我對他的好感度會大幅提升，因為我知道他會為了挺我而去場上與人抗爭。我很享受替他效力的時光，我認為他把球隊帶得非常好。

在下半季的賽事當中，雖然花了一段時間，最終我還是克服了被強襲球擊中的恐懼，表現也逐漸回穩了。整個下半季，我的自責分率都維持在三左右。

為了勝利，我選擇以身作則。

Guardians
39

在這一年，Lamigo包辦了球季上下半季的冠軍。因此台灣大賽的另外一個席次將由我們跟統一獅進行五戰三勝的季後挑戰賽來決定。我該年在台南球場的成績非常不理想，因此球隊將我排在第三戰的主場先發。伍鐸主投第一戰，他的表現很好，但我們在九局下半被郭阜林擊出一支三分打點再見全壘打而輸掉了第一戰。第二戰我們以大比分擊敗了統一獅，也將系列賽帶到一比一平手的局勢，進入到我主投的第三戰。

關鍵的第三戰，我在前五局的表現還可以，只失掉了兩分。在平手的局面進入到第六局，兩出局二壘有人時，一顆失投沒有掉下來的指叉球被林祐樂（現改名為林岱安）打出了關鍵的安打，打回了超前分，也把我打退場。我們輸掉了第三戰，後續又輸掉了第四戰。以一勝三敗的成績在季後挑戰賽敗給了統一獅隊，為二〇一八年球季的季後賽之旅畫下了失望的句點。

///

二〇一九年春訓時我的腹肌再度拉傷了，這次的傷勢跟二〇一七年幾乎是一樣的。我也再一次的無法趕上開季。當時中華職棒還沒有修改外籍球員登錄規則，所以球隊必須在少一名外籍球員的情況下展開球季。我知道少一名洋將對球隊戰力影響之大，這讓我非常難受，因為我感覺讓所有人失望了。

回到一軍之前，我在二軍投了幾場復健賽，內容都不盡理想，我投出來的球角度都太平了，所以很容易被打者掌握。過往當我取得成功時，我投出來的球有著很好的縱向角度。

二〇一九年在一軍的第一場出賽面對到桃猿，雖然第一局就被林立跟林泓育各打了一支全壘打，但整體內容還算可以。即便如此，我知道我當時的投球機制還沒有調整回到最佳狀態。下一場先發在桃園，我投得非常糟糕，保送了四、五名打者，那是非常沒有競爭力的投球表現。

那段期間我看了很多我在二〇一七年的投球影片。我注意到我當時出手時，我的手肘抬得比二〇一九年時高。所以我就提醒自己在練習時所投的每一顆球，都要把手肘抬高，製造出比較好的縱向角度。

球隊的訓練員「小高」高挺耀意想不到的給了我相當大的幫助，他非常了解我當時想追求的球路軌跡大概是什麼樣子。因此，只要他有時間，我都會盡量請他陪我傳接球。而盡責的他也會用簡單的「Yes」跟「No」表達每顆球是否有達到我的要求。

我也常常去請教當時二軍投手教練王建民，我會把我的想法說給他聽，再請他提供他的看法。王建民是一個很好的人，以他在大聯盟的豐功偉業以及在台灣受歡迎的程度，他是非常容易親近的。而且他也是一位非常有知識的教練，我可以很輕易地感受到他對棒球的熱情，我也很享受我們之間幾次的對話。這些對話內容，對於當時正在修正投球機制的我來說，是絕對有幫助的。

我不確定我的身體是否隨著歲月的增長而發生了變化，但是在二〇一九年我發現到，對我而言比較舒服的投球動作投出來的球比較平，所以得到非常不好的結果。而當我刻意將手肘抬高，意圖製造出比較有縱向角度的球路時，雖然得到理想的結果，但是我明顯感受到身體做這樣的動作是不自在的。這是我生涯第一次有這種感受，而我也意識到了，如果我想要持續取得好結果，那我就必須強迫我自己去使用比較不舒服的投球方式。

下一場的先發對上中信兄弟，我投了八局，拿下勝投。雖然還沒有調整到完美，但整場比賽當中，我投出的球品質穩定多了。直球有著比較好的縱向角度，這代表著指叉球也有類似的角度，讓打者沒辦法太早分辨球種，這也是我一直以來成功的祕訣。接下來在對戰統一獅的比賽中我又投了八局，雖然吞下敗投，但這場比賽是我在二〇一九年賽季中，

當我身處二軍時，慶幸有王建民這樣有豐富資歷的教練給予我莫大的幫助與支持。

第一次感受到我的投球內容是完全到位的。

二〇一九年球季進入到了尾聲，我們當時仍然有機會爭奪季後賽資格。我們來到了洲際棒球場與中信兄弟進行系列賽，我在系列賽的最後一場比賽登板先發，那場比賽同時也是「恰恰」彭政閔的引退賽。那絕對是我生涯當中最難忘的比賽之一，球迷與球員的興奮程度堪比台灣大賽。

恰恰走上打擊區時，全場觀眾起立鼓掌致意。我當時刻意退開投手丘，希望能夠讓他慢慢地享受這個屬於他的榮耀時刻。在恰恰站上打擊區時，我也脫帽表達對他偉大生涯的敬意。

在跟恰恰生涯的對戰當中，因為我知道恰恰的反向攻擊能力非常優異，我不想要讓他有機會延展他的手臂，所以我使用大量的內角直球壓迫他。在引退賽的場面，我猜想他第一球就會積極出棒，所以我決定投一顆邊邊角角的內角球。我的猜測是正確的，恰恰第一球就出棒，打成了三壘方向滾地球，形成出局。

恰恰的第二打席是在兩好球沒有壞球的情況之下把一顆接近地面的指叉球打成投手方

向的滾地球，我將球擋下來之後，傳往一壘形成刺殺。恰恰的第三打席是在第七局，他利用短打將跑者從一壘護送到二壘。我非常享受那場比賽中每一次與恰恰對決的過程，從恰恰上來打擊時受到的歡呼聲，我可以明顯感受到台灣球迷對於他的喜愛。

球迷在整個比賽過程都非常投入其中，我們是客隊，所以每當中信兄弟有人上壘時，場邊吶喊聲量是震耳欲聾的。在第七局我面臨到一三壘有人，一人出局的危機。我讓蘇緯達打成了投手前方的小飛球，我將球接殺之後傳往三壘，刺殺了回壘不及的陳子豪，成功化險為夷。最後我投了七局，在一比一平手的狀況下退場。最後我們也拿下了比賽的勝利。

那場比賽之後，我們幾乎來到季後賽的大門口了，但是每當我們來到決勝時刻時，球隊的打擊、守備與投球當中總會有一個面向出差錯，導致我們被拒於季後賽門外。對於這樣的結果，我們全隊上下都感到無比的悔恨。

一直以來，我們的陣容讓媒體跟球迷有著很高的期待，我也認為我們絕對有這樣的能力，然而一次次關鍵時刻的挫敗，使我們被冠上了軟手的標籤。我認為這在球員們的心中產生了巨大的壓力，每次一遇到緊要關頭，選手就會顯得綁手綁腳，進而影響了球場上的表現。二〇一九年球季最後一週發生的事，就是最血淋淋的例子。

能夠在「恰恰」彭政閔的引退賽擔任先發，是我的榮幸。

含淚
跳恰恰
www.tibs.com.tw
LOREE
39
臺灣產物保險
Taiwan Fire & Marine Insurance Co., Ltd.

LOREE
LUREE
LUREE

CHAPTER 08

MIKE

MIKE

MIKE

第8章

疫情之下

在二〇一九年球季結束之後，富邦球團選擇不與陳連宏總教練續約，並宣布聘請前桃猿總教練洪一中擔任總教練的職位。

聽到消息的當下我還在美國，我記得我跟凱莉說：「讓我們看看接下來會怎麼發展吧。」我很久之前曾經替洪總效力過，對他的執教風格略有所知，所以我並不確定洪總是否是帶領這支球隊最合適的人選，不過我也聽說他的風格有不少的改變，更重要的是他在中華職棒贏了很多比賽，拿了很多次總冠軍，這是我一心嚮往的，所以我念頭一轉：「也許他真的能帶給富邦一些我們所缺乏的，讓我們更有競爭優勢。又或許他真的有什麼祕方，能夠帶領我們進入我們所渴望的台灣大賽。」

就在我即將啟程前往二〇二〇年春訓之前，美國新聞開始播放在中國武漢有傳出疫情的新聞。當時的相關資訊還沒有很多，而台灣在地理位置上又離中國很近，所以我跟凱莉當時內心都有著一絲的擔憂，不過並不足以改變我前往台灣的計畫。

然而在我抵達台灣不久之後，病毒傳播到美國去了，雖然我們所住的亞利桑那州並不算太嚴重，但當時更多的焦慮來自於對於病毒的不了解。我記得和凱莉講電話時，她告訴我政府呼籲大家盡量減少人與人之間的交流，所以凱莉跟孩子們在房子裡待了兩個禮拜都沒有與外界接觸，這對凱莉的心理造成了很大的負擔。

台灣當時還沒有疫情傳出，所以春訓基本上都按照原本的日程進行著。我原本計畫在春訓期間返回美國一趟。因為我入選美國國家隊正式名單，將代表國家參加在鳳凰城進行的奧運資格賽，富邦球團也允諾放行了。能為國家隊效力是我畢生的夢想，我對於能夠在春訓期間返家陪伴家人並披上美國隊的戰袍感到非常的興奮。不幸的是這個比賽後來因為疫情而取消了，我人生中最接近美國國家隊的機會也很遺憾的告終了。

我在二〇二〇年春訓的調整進度非常慢，甚至在春訓尾聲時再度受傷了。很罕見的是，這次的受傷的部位在鎖骨下方，我當時一度擔心是胸廓出口症候群（Thoracic outlet syndrome）。因為這個傷勢的關係，我在投球時沒有辦法做出好的延伸。

我並沒有做進一步的檢查，所以我直到今日都不確定我當時受的是什麼傷。最後憑藉著休息與復健，在大約三周之後回復正常投球。幸運的是，在我受傷後不久，聯盟就宣布延後二〇二〇年賽季的開季時間，也讓我爭取到更多復原時間，不至於錯過太多場比賽。

台灣在疫情初期時的防疫表現非常成功，我二〇二〇年在台灣過了相對正常的生活。印象中我當年有很長的一段時間在戶外都不需要戴口罩。那時對我而言最大的不便是我的家人因為國境封鎖的關係而無法在球季中來台灣陪我。

因為疫情管理得宜的關係，中華職棒成為當年世界上第一個開打的職棒聯盟，當中職球季確定開打時，大家心裡都鬆了一口氣，也為在如此艱難的時刻還能有一份收入而心存感激。如同每一位在中職的外籍球員一樣，我來到台灣有兩個原因，一個是我熱愛棒球這個運動，另外一個更現實的層面，則是我必須靠這份收入維持家計。當時幾乎所有的職業賽季都延後開打，墨西哥聯盟甚至直接取消了賽季。面對這樣的狀況，許多球員都開始煩惱，如果球季遭到取消，那麼今年的收入就沒有著落，要維持家計就變得非常困難。

球季剛開打時並沒有開放球迷入場，這是一種很奇怪的感覺。我們仍然在場上打棒球，但是明顯缺少了很大的一部分。沒有球迷在場，一切都變得不一樣了。我一向很享受球迷帶給我的興奮感，球迷的加油能夠使我激發出腎上腺素，我感覺在很多球迷在場的情形下，我總是能繳出不錯的表現。因此，在空蕩蕩的球場出賽，對我來說是很難適應的一件事。

二〇二〇年賽季另外一件讓我印象深刻的是比賽用球變得更彈了，而且彈的程度是其他年無法相提並論的。當然，聯盟的競爭強度也因為旅外選手回歸以及新血加入而逐年增強。兩因素相加起來，我那年被打出的全壘打數是遠遠超過我所希望看到的。許多不該飛出去的球飛了出去，該被接住的球飛越外野手頭頂形成二壘安打。毫無疑問，那年的比賽用球絕對是歷年來最彈的一顆。

我傷後復出後的兩場先發都拿下勝投，以兩勝零敗的成績為二〇二〇年球季揭開序幕。之後我的表現有著很大的起伏，不是大好就是大壞。而那些投差的比賽通常都是因為我讓對方擊出太多的長打甚至全壘打。

二〇二〇年球季，我再度面臨到我在二〇一九年季初面臨的狀況，那就是我投不出好

沒有球迷在場，一切都變得
不一樣了。

的縱向角度，很多被擊成長打的球都是因為球路太平。我想這應該是與我在春訓的傷勢有關，因為每當我試著把手抬得更高的時候，我之前受傷的部位都會有不適的感覺，久而久之我的身體便自然地閃避手抬高的動作。

投不出角度這個問題幾乎困擾了我整個二〇二〇年賽季，但我仍然試圖保持競爭力。在九月二十六日時，我的自責分率是四點二五。然而，在球季結束前的最後三到四場先發當中，印象中每一場球我都失掉六分以上，這也讓我的自責分率一路升到了五，讓我年度整體數據看起來很糟糕。

球隊在進入球季最後一個月還在爭取季後賽門票的機會，但是我卻在這個期間繳出了生涯最差的一段表現。我在球季最後一個月可說是迷失了，最重要的原因還是在於我的球沒有好的角度，進一步的影響到我的投球機制，不知不覺中，我背棄了一直以來讓我取得成功的投球方式，而投球的自信心也來到了低點。

在洪總執掌兵符的期間，一直都有將帥失和的傳聞。我想這些不滿的情緒應該是從春訓就開始累積。當年從我來春訓報到之後，球隊每天到球場的第一件事，在任何技術訓練之前，就是進行一個小時殘酷的體能訓練。身為外籍選手，其中的優惠是我們不用跟隨球隊做這些體能訓練，我們可以依照自身的體能課表去做調整。

作為一個從旁觀察者，我認為本土選手所做的那些體能訓練可以用近乎荒謬來形容。我不認為他們當時所作的那些訓練可以讓他們成為更好的棒球選手，在春訓把選手操到趴在地上對於球隊在七月要贏球是毫無幫助的。

接著，這些剛被操完的選手會被要求在極度疲勞的狀態下進行一個小時的打擊練習。有些人認為如果你在疲勞狀態下可以做好打擊，那麼你隨時都能做好打擊。對我來說，這樣的說法是胡說八道。當人在極度疲勞時練習，會產生一些代償動作，而壞習慣就是這樣被養成的。

我對於當年春訓的訓練安排是非常不認同的，他們用訓練田徑隊的方式在訓練棒球隊。我想隊上的年輕選手也許還無法分辨怎麼樣是有效率的訓練，他們也只能按表操課，隊上的資深選手可能無法理解這樣的體能訓練安排到底對他們在提升棒球技術上有什麼幫助。持續不間斷的跑一個小時並不會讓你投出更刁鑽的滑球，也不會讓你投出更多好球，更不會讓你打出更多全壘打。

要成為更好的棒球選手，你必須專注在技術層面的細節，持續鑽研並不斷強化棒球場上所需的技能，直到你成為該項技能的專家。體能訓練有其必要性，它能強化選手的身體素質，讓我們更強壯，但是我們當年春訓如此的體能訓練安排，在我看來無異是在走回頭路。

球隊在二〇二〇年球季再度以些微之差錯過了打進季後賽的機會。球季最後一場比賽的賽後，洪一中總教練集合了全隊，宣布秋訓以及來年的計畫，接著針對球季的狀況作總檢討。檢討的過程中，洪總在全隊面前將球季失利的責任怪罪到我身上，認為是我沒有把工作做好才會拖累到全隊。

會議結束之後，哲瑄特別給我一個大大的擁抱，說：「我很遺憾他這樣說。」

我知道我當年投得非常掙扎，我也感到非常自責。如果我在二〇二〇年球季能繳出跟其它年差不多的成績的話，球隊應該就可以打進季後賽了。然而，我不理解的是，為何他不選擇在球季進行中直接找我溝通，試圖了解我的狀況並提供協助。而是等到球季結束之後才當眾指責我。

另外一個更令我感到不悅的是，他質疑了我的工作態度。我人生當中從來沒有人質疑過我的工作態度，這一直是我非常感到自豪的一點。我在比賽過程中可能會犯一些錯誤，但對於每一場比賽以及賽前的準備，我都是全力以赴，這點我是問心無愧的。

那場會議讓我燃起了鬥志，我知道洪總不希望我在二〇二一年球季回歸，我也有聽說他試圖把我交易到別隊去。因此，在進入到二〇二一年球季的休賽季，我唯一的想法是把球投好，證明洪總是錯的。

///

在二〇二〇年賽季投出了生涯當中數據最差的成績之後，我感到非常失望，當時我三十六歲，我知道如果我不做些改變的話，我的棒球生涯會就此結束了。我知道我的身體會隨著年紀而有些變化，所以我從來不排斥改變，我心態上也非常能夠接受新事物，所以那年冬天，我嘗試了棒球訓練機構「傳動棒球」的遠端課程。

傳動棒球在訓練投手上有著很好的名聲，很多投手在接受他們訓練之後，在球速上都有著顯著的進步，二〇二〇年我的球速明顯衰退，而我自己也找不出原因所在。所以我選擇與傳動棒球合作，看他們能否幫助我回到正軌。

我選擇了他們提供的遠端課程服務，我住在亞利桑那，而我的教練席格曼(Jackson Sigman)則是在德州。我們每天都會交流，我會將我當天的訓練影片傳給他，而他則會給我及時反饋。在課程開始前，我告訴席格曼教練說：「我必須找回我之前的球速。八十三到八十四英里的球速是不足以讓我在台灣生存下去的。任何你認為對提升速度有幫助的方式，我都願意嘗試。我已經三十六歲了，如果我找不出方法，那一切就結束了。」

於是我們展開了訓練，席格曼教練並不會一板一眼地交代制式化的訓練步驟。而是先要求我將球季尾聲所進行的一次練投影片傳給他，看完之後，他直截了當的跟我說：「當你前腳落地時，你的投球手處在一個很糟糕的位置，你的擺臂節奏太慢，讓你失去了很多投球的動能。我們必須修正你的擺臂，以確保你的手在前腳落地時能進入到比較理想的位置，如果我們能夠做到，你就能找回你的球速。」

在確定了需要修正的問題之後，我們就開始了休賽季的訓練，在春訓開始前，我們花了兩三個月的時間，透過重球以及其他各種訓練方式，全都是為了修正我的擺臂，讓我的手在前腳落地前進入到理想的位置。

訓練過程中我也回想起我在台南以及桃園這兩座球場的投球經驗。這兩座球場的投手丘都相對比較平坦，所以我在跨步過程中前腳會更早落地，讓我的擺臂跟不上，所以我在這兩座球場的表現都比較掙扎。而當我的身體隨著年齡增長而逐漸衰退時，我投球機制的問題更加地被放大，在所有的球場都產生了類似的情況。

冬天的努力很快就得到了回報，二〇二一年球季一開始，我就贏得了三月份投手的月MVP，雖然三月份的比賽比較少，我也只有三場的出賽，但我認為這個獎驗證了我休賽季與傳動棒球所做的訓練是有效的，也讓我在二〇二一年球季有一個很好的開始。

不過同一時間，我也知道這個過程仍然在持續當中，如同我在二〇一九年所感受到的一樣，我的身體對於許多傳動棒球要求我做的投球機制仍然感到不自在。我心理上必須夠強壯才能夠堅持住，而不陷入從前的壞習慣，這樣我的身體最終才能接受並且適應這樣的投球機制。

在拿下三月份MVP之後，我持續的在投手丘上繳出好表現，我的自責分率一直維持在二點五左右。我對於我當時的狀態感到很滿意，也許肉眼看不太出來明顯的不同，但我感覺我的投球動作已經經過改造，投球的心態上也走出去年季末的陰霾，重新找回自信。

就在這個時候，中職的球季因為疫情而被迫中斷。那是一段艱難的時光，原本進行得很順利的球季就這樣停了下來。更麻煩的是，我的家人當時剛來到台灣，完成十四天的隔離不久之後馬上又遇到疫情，我至少周一至周五還可以去球場練習幾個小時，但是我的家人卻要整天被關在公寓裡。我跟凱莉都可以看出來這對我們的孩子來說絕對不是一個好的情況。於是，在六月初，我們決定讓凱莉帶著小孩先行返回美國。

球季中斷的這段期間就像電影《今天暫時停止》(Groundhog Day) 一樣。日復一日的重複地做著一樣的事情。為了維持比賽手感，我們每週二跟五都會進行隊內賽，對我來說這像是必要之惡，因為每一次在隊內賽中出賽，我感覺我都在消耗我的手臂，把珍貴的子彈用在同隊隊友身上。

另外一個令人感到艱難的地方來自於未來的不可控性。每個禮拜都會有風聲說可能下個禮拜要復賽，然而當我試圖將自己的心理狀態準備好後，接著又會聽到有人說要再緩一緩。如此「趕快準備好！」「算了再等等。」的輪迴，幾乎每隔幾天就會重複一次。也對我的心理增加了額外的負擔。

爆發的疫情讓孩子們與凱莉不得不經歷隔離且畏懼出門的生活，這讓我非常的難過。

後來，為了能讓比賽順利恢復，聯盟制定了一套類似美國泡泡模式的制度，球迷也再度被限制不能進場。但至少我們終於恢復比賽了，如同我去年所說的，能夠在艱困的疫情下打棒球，我都是心存感激的。我復賽後的第一場先發在沒有球迷的情況下對上味全龍。雖然那場比賽當中我感覺非常的不習慣，最終的表現也不算太好。但是，至少我已經回到場上投球了，對於這點我也感到心滿意足。

二〇二一年下半季，富邦將原本在二軍擔任投手教練的布魯斯（Bruce Billings）升上一軍。我跟布魯斯前幾年在富邦當過隊友，我認為他是一個很好的隊友，很風趣的人。

當布魯斯的身分轉換成教練之後，我認為他將自己設定成一位領導者的角色。而隊上許多投手被他這樣的特質所吸引。他對選手開誠布公，跟牛棚投手保持溝通，給牛棚的定位是明確的，指示是清楚的，牛棚投手比賽當中只會熱身一次。他把選手放在適合的位置去發揮，而幾次關鍵的調度當中，選手也沒有辜負他的期許。過不久，他就取得了投手群的信任。

布魯斯跟洪總發生衝突的當下我並不在場，印象中我因為生病，所以連球場都沒有去。我是聽旁人轉述才稍微了解事情發生的經過，我想這件事情的發生，也許兩方都需要為他們的情緒控管負一些責任吧。

球賽恢復進行之後，我的投球狀況仍然保持得不錯。球季結束之後我的自責分率大約在三點一左右，投了快一百六十局，投了很多場優質先發，我的勝投數可能不如許多人對我的預期，但我認為我的表現讓球隊在許多場比賽當中都保有獲勝的機會，也許最後的結果不盡人意，但這就是棒球。整體而言，我對二〇二一年的表現感到滿意，我也認為我是那一年聯盟當中表現最好的幾名投手之一。

因為球季曾經中斷的關係，我二〇二一年一直到十一月二十號才回到美國，這是個漫長的一年。在疫情之前，我幾乎不曾超過三過月沒有見到我的家人，二〇二〇年時，我的家人因為疫情無法來台灣，所以我當時連續八個月的時間無法見到他們。回到美國之後，因為配合隔離政策的關係，我二〇二一年提早來到台灣。原本打算在球季中長期來台灣陪伴我的家人也因為疫情只短暫待了六個禮拜。這樣算下來，在疫情發生的過去二十四個月當中，我跟他們相處的時間可能只有短短不到四個月。

在這段艱難的時間裡，也讓我重新衡量了棒球跟家庭在我心中的地位。棒球是我的工作，也是我一直以來熱愛的事物，但同一時間，我過去兩年幾乎都沒有好好地跟我太太以及孩子們相處。雖然我靠打球所賺取的金錢在支撐著我的家庭，但我的人卻沒有在他們身邊。我想要參與孩子成長的過程，我想要親自教他們做人處事的道理，讓他們學會堅強、有自信，但又懂得尊重他人。

棒球在我心中還是有很重要的地位，但疫情的這兩年期間讓我開始思考我該如何在棒球跟家庭當中取得平衡，我很確定疫情在我做出退休這個決定當中扮演很關鍵的角色。如果疫情沒有發生，我絕對不會在二〇二二年球季選擇退休。

LOREE

CHAPTER 09

MIKE
MIKE
MIKE

第9章

最強大的後盾

我跟凱莉是在韋蘭諾瓦大學認識的。緣分非常巧妙，其實我們在大一新生訓練時就被分配到同一組了，但後來因為交友圈不同的關係，在大學前三年，我們都沒有再見到彼此。一直到了大四那年，因為一些共同朋友的關係，我們的生活開始有了交集，我也開始頻繁的見到她。

我們相處的時間越來越多，對彼此的了解也越來越深，在十一月的時候，我們決定交往。

開始交往之後，我人生中許多重要時刻，凱莉都沒有缺席。我在六月畢業之後投入美職選秀，結果揭曉當天凱莉也來到我家與我一起守候在電腦前。當我在第五十輪被巨人隊選中時，她也跟我一起感到興奮。

小聯盟時期，凱莉在紐約長島攻讀法學院，當時我們兩人身上都沒有存款，沒有辦法負擔自己的住處，所以在休賽季時，我們輪流寄宿於紐澤西以及她父母位於長島的家中。

熱愛旅行的我們，約定好每個月要各自存一百美金當作旅遊基金，一年之後，我們一起去了一趟墨西哥，這是我們第一次一起出國。二〇一〇年時，我們存了足夠的錢一起購買了由美國廉價航空公司捷藍航空(Jet Blue)推出的五百美元國內航班任你搭的促銷活動，在一個月內，我們去了西雅圖、奧斯丁、拉斯維加斯還有斯科茨代爾（Scottsdale）。看遍了美國的風景，是一趟令人難忘的旅程。

除此之外，棒球也帶著我們去了很多地方，小聯盟期間，她跟著我到過俄勒岡州的賽勒姆(Salem, Oregon)以及喬治亞州的奧古斯塔(Augusta, GA)。當我開始在海外討生活時，她也去過墨西哥跟韓國，更不用說幾乎變成第二個家的台灣。在工作之餘到處見識新的景點，體驗不同文化，品嘗在地美食，是我們兩個最大的共同嗜好。

交往五年之後，我知道她期待我們的關係能夠往下一階段邁進，於是，在二〇一一年九月十八日，我正式向凱莉求婚。當時的我還在小聯盟奮鬥，買鑽戒的錢甚至是向我的母親借來的，一直到年底我去墨西哥打冬季聯盟之後，我才存夠錢還給我的母親。

求婚當天，我跟凱莉說我希望在去墨西哥打冬季聯盟前能夠有時間與她獨處，所以我訂了一間位於長島的飯店，一起步行去鎮上的餐廳吃晚餐。原本我計畫在晚餐後向她求婚，沒想到用餐過程中，我突然發現我把戒指忘在飯店房間裡，還必須趕緊隨口編造一個藉口衝回飯店拿，真是愚蠢極了。

用餐完畢後，我們步行回飯店，途中經過一個公園，裡面有一個掛滿燈飾的涼亭。我在涼亭裡單膝下跪，向凱莉求婚。謝天謝地，她很開心地答應了。

凱莉答應我求婚後又過了一年，在二〇一二年十二月二十二日，聖誕節前三天，我們在長島舉行了婚禮，在近兩百名親友們的見證之下，正式結為夫妻。那是美妙的一晚，我不確定該如何用言語形容我的感受，我只知道我已經準備好了，一點都不緊張，我非常確定凱莉就是我想娶的人。

跟職棒選手結婚必須做出很多犧牲，其中最艱難的莫過於必須長時間忍受分隔兩地。凱莉在剛跟我結婚時有著自己的生涯，她應徵上紐約一間大型的律師事務所。二〇一二年

我的生命中能擁有凱莉的
陪伴，是我這輩子最大的
幸福。

還算簡單，我只離開兩個月的時間，二〇一三年凱莉開始工作，只短暫來台兩個禮拜，那年我們有八個月的時間沒有相聚。

二〇一四年凱莉發現紐約的生活不適合她，便辭去了當時的工作，到韓國陪伴我一段時間。我們當時已經說好要搬到亞利桑那定居，所以在韓國期間，當我在球場時，凱莉就在公寓裡準備亞利桑那州的律師資格考。

我的大兒子卡麥隆在二〇一五年二月出生。簽約前我就告知義大球團，我必須等到我兒子出生才能前往台灣報到，球團也能夠理解，所以我很幸運的得以在場見證我大兒子的誕生。

二女兒布蕾克 (Blake) 出生時正逢球季中，在自然產的狀況之下，要準確地預測出小孩何時出生是很困難的，所以我只能透過視訊見證二女兒的出生。我的女兒在二〇一七年五月六號出生，隔天我就向球隊告假，飛回美國陪伴母女倆，我在美國待了三天之後便返回台灣。一直到明星賽周末，我再度回美國，帶著凱莉和孩子們一起來台灣。

凱莉一直以來都非常支持我棒球生涯的每一個決定，她絕對是我棒球生涯當中最感

因為有凱莉，我們的家才能維持，
我們的孩子才能順利長大，她是
我最強大的後盾與摯愛。

謝的人。要是她當初沒有要我堅持夢想，推了我一把，我甚至不會來到台灣打球。球季當中，凱莉基本上扮演著單親媽媽的角色。我很慶幸我身邊有一位強大、充滿自信且獨立的女人，在沒有我的情況之下，無怨無悔地把孩子照顧得無微不至，因為有她，我才能無後顧之憂的在台灣奮鬥。

有了孩子之後，人生的一切都改變了。卡麥隆出生之後，我成了一位父親。我期許他們成長過程中學到正確的價值觀，長大之後成為能帶給別人愛與喜悅的人。要達到這些目標，我知道我必須負起身為人父應負的責任，盡我所能的支撐這個家庭，將我所擁有的一切都提供給凱莉以及小孩們。確保他們快樂的成長，更重要的是，每天都感受到來自父母親的愛。

我自認不是一個自私的人，結婚之後，我的人生從原本的一個人變成兩人世界，小孩出生之後，我將凱莉與小孩擺在第一位。當我還是選手時，每天早上起床我都會問自己，今天該做什麼才能成為最好的丈夫跟父親，接著才問，今天要做什麼才能成為更好的自己，更好的球員。這樣的習慣，在退休後仍然一直維持著。家人就是我的一切，也是我所有動力的來源。

LOREE

CHAPTER 10

MIKE
MIKE
MIKE

第10章

與傷病共處

聯盟在二〇二〇年球季中通過了「羅力條款」，任何外籍球員只要累積滿九年年資，隔年就不再受到外籍球員限制。

大約在二〇一九年左右，富邦球團的陳昭如（Joyce）總經理（時任副領隊）就告訴過我她有這個想法。不過我當時其實不是很確定她是不是認真的，我也跟凱莉提過這件事情，她知道日本職棒有類似的規章，但我們當時都認為，中華職棒才不會讓這個規章通過，畢竟只有我是這個規章短時間內的受惠者，這對其他隊一點好處都沒有。也許要等到有一天我離開聯盟了，大家有了比較公平的立足點，才會讓它通過。

Joyce 總經理後續的動作證明她不是只是說說而已，她在領隊會議中提出她的想法，到了二〇二〇年，這個議題終於正式進入表決程序。

領隊會議表決完的當下我就接到了Joyce總經理的電話，她告訴我領隊會議對提案的八年年資的門檻有意見，希望改為九年。最後在全票通過的情形下，決議以九年當作滿足羅力條款的條件。對於這個結果，我是有點受寵若驚的。

雖然我內心希望聯盟能夠通過八年的方案，但我理解每一隊本來就有保護他們自身最大利益的權力。

即使年限被設為九年，我還是認為這個條款能夠通過真的是太棒了。身為一位長年在同一個聯盟奮戰的外籍選手，這個規章成為了我努力的目標。我將其視為一個能夠延長生涯的機會，全世界有無數的球員希望能夠來亞洲打職棒，在球隊只能有四名外籍選手的限制之下，選手之間的競爭是非常激烈的。一旦我達成條件，成為本土球員，也許在我生涯尾端能力稍微衰退，無法達到聯盟頂尖水準時，只要能夠維持在聯盟平均水準，我就能夠持續工作。

我是在羅力條款通過當下離年限最近的選手，也明顯會是短時間內唯一一位受惠者。在這樣的情況之下，Joyce總經理跟富邦球團仍然極力爭取。我想除了他們認同我的身手

身為一位最接近「羅力條款」條件的球員，我很開心球團一直以來持續給予我信任與機會。

之外，對於我的做人也是一種肯定，希望能夠與我建立長期的關係。對此，我感到非常榮幸。

羅力條款通過之後，我還需要累積兩年半的年資才能達標，這對於中華職棒的外籍選手來說其實還是很長的一段時間，所以我提醒自己：「有這樣的目標固然很好，但是我還是必須專注於把眼前的每一天做好，如果我現在就開始幻想兩年半之後的事，那我就永遠到不了那一天了。」

///

與富邦長時間合作也讓我們彼此之間建立了一些默契，每年季末，如果我的表現足以讓我認為球團會將我簽回，我會在回美國前會先跟蔡承儒領隊以及 Joyce 總經理談過，確定雙方再度合作的意願。我總是希望能盡早敲定隔年的工作，以減輕冬天因為不確定感所帶來的壓力。

我在二〇二二年整季都健康出賽，投了很多局數跟很多場優質先發，三振數也回到之前的水準。在回美國前，我照慣例跟蔡領隊以及 Joyce 總經理針對二〇二三年交換了意見，在合約條件上取得了基本的口頭共識。

二〇二一年球季因為疫情中斷的緣故，結束得特別晚，我十一月底才回到家。十天之後，Joyce 總經理告訴我，球隊來了一位新領隊，他會重新檢視所有洋將聘任進度及我之前提出的合約條件，要我再等一下。

等了幾天之後，我決定傳一封簡訊給當時雖卸任領隊但仍然為育樂董事長的蔡承儒，內容如下：「Chris（蔡承儒董事長的英文名字），希望你一切安好，恭喜富邦集團找到新的領隊，我想了解有關在我離開之前所討論的合約進度，我希望能盡快完成簽約，我非常期待明年能夠回到球隊，幫助富邦拿下總冠軍。」

不久，蔡董事長回覆了我的訊息：「嘿，麥克，合約已經不是由我直接處理了，必須先交給新的領隊評估。」

收到簡訊的當下，我就知道今年的談約過程跟以往會有很大的不同。

過去幾年，我都是直接跟原先的蔡領隊以及 Joyce 總經理談約，所以我已經很久沒有雇用經紀人了，在得知富邦今年負責決定外籍球員的已不再是我所熟悉的人之後，我馬上就找了我之前的翻譯，後來轉換跑道加入經紀公司的小賀當我的經紀人。

富邦在二〇二二年季前歷經了很多的改變，有了新的領隊，新的總教練，教練團也改組了。我相信他們當時正忙著重整一切，而我能做的只有等待。

時序來到一月，我仍然沒有收到來自富邦的進一步消息，礙於規定，我必須等到二月二十八號之後才能自由跟中職其他球隊接觸。為了繼續生活，我當時甚至考慮過到墨西哥聯盟打球的可能性。

又過了一陣子，富邦總算開出合約條件了，經過了幾次來回之後，我們達成了共識。

二〇二二年談約花了比我預期還要長的時間，二〇二一年球季結束之後，球隊做了很多的改變，朝著新的方向邁進。我想最終取決於富邦集團大二董，Chris 及 Joyce 總經理仍然將我視為富邦的一份子，我才能夠留下來。對此，我感到非常的感激，因為這也是我所想要的。完成簽約之後，我迫不及待能夠回到台灣開始工作，為新球季，為贏得總冠軍而努力。

等待合約的過程當中，我持續遵照著傳動棒球的課表訓練。當時唯一的擔憂是，我已經有一段時間沒有面對到實戰打者了。

疫情讓外籍選手來台的程序變得較為繁瑣，我在二〇二二年到台灣時已經是三月，我記得在居家檢疫期間透過電視收看當時已經開打的中職熱身賽。結束隔離，加入球隊之後，我並不是很確定新的教練團會如何起用我，我必須再度證明自己，在我的生涯當中這並不是什麼太新奇的事，每當我到一個新的環境，我都必須歸零，想辦法讓自己有一個好的開季，快速地投出價值，建立起地位。不幸的是，事情並沒有如同我想的那麼順利。

完成居家檢疫之後，自主健康管理期間，我跟優瑪（Yomar Flande）一起傳接球。前兩三天，我感覺到肩膀非常的緊繃。我以為是居家檢疫期間缺乏活動所造成的，應該會隨著每天的訓練慢慢地進入狀況才對。

一個禮拜之後，肩膀還是放不開，我的投球強度卡關，我的身體無法信任我的肩膀能夠負擔超過八分力的強度。我來到嘉義加入了二軍的練習，在這樣的狀態下投了幾次牛棚跟一次實戰打擊練習，就在投完實戰後的三到四天，我的肩膀感到異常疼痛，那幾天做傳接球練習時，我只能在六十英尺的距離輕輕拋給我的搭檔，疼痛的程度讓我無法進行任何正常的投球訓練。

在跟防護員討論過後，她認為這是肩夾擠的症狀，她幫我安排了一些復健訓練，限制我五天不能投球，接著從近距離開始，慢慢拉高投球距離跟強度。

完成了約兩個禮拜的復健流程之後，肩膀狀況稍有好轉，雖然比賽完隔天還是痛到無法丟球，但經過休息之後我能夠將疼痛程度控制在可以忍受的範圍之內。

開始在二軍出賽之後，我的表現非常不好。球速出不來，常常挨打，肩膀感覺像廢掉了一樣。這樣的狀態持續到了六月，在某一次不怎麼樣的二軍先發之後，我接到了上一軍的通知，當時在一軍的外籍選手表現不好，所以高層想要做一些異動。當時我還沒調整到最佳狀況，但同一時間，我也不想再待在二軍了，所以我當時告訴自己：「那就來吧，既然上去了就要想辦法表現。」

我知道我沒有太多失敗的空間，我感覺如果我前面幾場沒有投好的話，我可能會再度被下放，甚至被其他外籍選手取代。

回到一軍的第一場先發是對樂天，我的肩膀還是非常不舒服。比賽前一天，跟凱莉講電話時我告訴她說：「我不知道可以撐多久，但我會投到無法再投為止。」

賽前熱身的時候，我的肩膀痛到讓我一度想要放棄這場比賽。但是我告訴自己說：「管他的，如果我無法度過這關我的生涯就結束了，總之我不能再回到傷兵名單了。」

我那場比賽直球均速大概只有一三二到一三三公里，偶爾幾顆投到一三五。但我發揮了我的投球特色，充分利用好球帶的兩側，快慢交替運用破壞打者平衡。

我用不到八十球就投完了七局，解決第七局的最後一名打者陳晨威之後回到休息室。教練團上前了解我的狀況，我不想讓他們知道我肩膀的情形，所以我告訴他們因為之前在二軍最多只有投到五局，導致我身體有些疲勞，間接表達了想要下場休息的意願。

我們最終拿下了比賽的勝利，大家對於這個結果都很滿意。當然我個人會想多吃一點局數，我想教練團當下也會希望我能夠續投，畢竟我真的只用不到八十球，不過好在丘昌榮總教練是一個善解人意的人，在我告訴他們我感到疲勞時，他也欣然接受。

過往在先發之間，我都會進牛棚調整。但是二〇二二年在一軍的第一場先發之後，我的肩膀狀況還是沒有好轉，所以那年在先發之間，我都沒有進行牛棚練投，連一般傳接球的量也大幅減少，試圖讓我的肩膀得到最多的休息。

第二場先發是對上統一獅，我再度投了一場不錯的比賽。這次投了九十幾球，每一局的局間，我都會用按摩球揉我的肩膀，保持肩膀的彈性，在兩人出局時我會走到室內練習場，朝著網子全力丟幾顆球，幫助我更快熱開。

我再度拿下勝投，我非常高興能夠幫助球隊獲勝，當時球隊戰績經歷了一段低潮，我感覺我的表現提振了球隊的士氣。

然而，就在一切都朝著正面的方向發展時，我確診了。

因為確診的關係，我必須進行七天的居家隔離。我感到很失望，即便我肩膀仍然感到疼痛，我在場上的表現卻漸入佳境。而任何時候當你在場上取得好表現時，你不會想要休息。同一時間，球隊逐漸走出了開季的低潮，身為隊上的一份子，我想要跟隊友們同進退，盡我所能地幫助球隊回到競爭行列。

我利用居家隔離七天的時間讓肩膀徹底的休息，同時維持其他部位的訓練。我的目標是在隔離結束之後以最快的時間回到球場上。原本球隊安排我在解除隔離後的第五天在一軍先發，但就在我準備先發的前一天，我們球隊卻因為確診人數過多，被迫暫停所有賽事一週。

也許是獲得充分休息的關係，我肩膀的狀況在球賽恢復進行之後有逐漸好轉的跡象，我不再感到那麼疼痛了，投球自信心也增加了不少。

二〇二一年球季結束時，我生涯累積了九十七勝。二〇二二年確診之前我又拿了兩勝，把勝場數推高到九十九勝，離中職百勝只剩一步之遙。

二〇二二年談約期間，我曾經一度萌生退休的想法，在確定了我還想打球之後，準備啟程前往台灣之前，我幫自己設立了一些個人目標。這也是我人生第一次，在除了拿下總冠軍之外，還訂定了個人目標。

為了讓自己在回歸二〇二二年球季更有動力，我設定了三個目標。第一、我要拿下生涯百勝，第二、我要達到羅力條款的年資門檻，最後，沒能為富邦拿下冠軍這件事始終困擾著我，我一直以來都感覺自己是富邦這個大家庭的一份子，這些年來球團對我也都是以禮相待，我想要幫球團、幫富邦集團大二董、蔡承儒董事長拿下那座渴望已久的冠軍獎盃。

我在確診回歸後的第一場先發就有機會拿到生涯百勝，我們的打線幫我打下了一些分數，但我在那場比賽的表現並不理想，投不滿五局就把領先的分數花掉，第一次挑戰百勝鎩羽而歸。

下一次的機會發生在新竹，我主投六局，奪下八次三振，沒有失分，總算順利拿下了百勝。那場比賽剛好也是新竹棒球場重新啟用的第一個系列賽，現場湧進了近萬名觀眾。能夠在這麼多球迷的見證之下拿到百勝，我想是冥冥之中最好的安排。

100
WINS
IN CPBL CAREER
灃食教育基金
愛上喜翁
瓦旦 × 喜翁 × 洛卡

能在近萬名球迷的見證下拿下百勝，帶給我再次前進的動力。

CHAPTER 11

MIKE
MIKE
MIKE

第 11 章

天秤兩側的選擇

二〇二二年季初與富邦議約時遇到的瓶頸，促使我跟凱莉第一次認真地討論到了退休的可能性。我當時三十七歲，我必須想清楚，如果我無法回到中華職棒打球，我還能做什麼？

我們認真的討論了「我還想打球嗎？」這個問題。二〇二〇年跟二〇二一年因為疫情的關係，我與家人聚少離多。即便我的太太在這段期間把小孩照顧得很好，讓我很放心，但是孩子成長的時光是很珍貴的，我想要參與這段過程，在他們還會想跟爸爸玩的時候多陪伴他們，因為總有一天，他們會長大，會結交新朋友，一步一步的走上自己人生的道路。這樣的想法，讓心中那座衡量著家庭與棒球的天秤，在我人生中第一次往家庭端傾斜。

雖然最後我還是決定在二〇二三年球季來台灣繼續打球，但是退休的念頭卻在我腦海

成為了一位父親之後，縱使聚少離多，我也想成為他們成長路上的守護者。

中浮現了好幾次。第一次就發生在我抵達台灣進行居家檢疫期間。居家檢疫對我來說是很難受的，我是一個很享受戶外生活以及與人互動的人，因此當我一個人孤零零地待在公寓時，我開始對一些決定產生懷疑，我甚至不確定回到台灣是不是正確的選擇。

這樣的感受，除了凱莉之外，我從來沒有跟其他任何人提起過。

「先等待解除隔離吧，也許到那時你會好受些。」凱莉當時是這樣安慰我的。

如凱莉所說的，我的確在解除隔離之後感覺好多了。每天日復一日到球場練球，讓我忘卻了一個人時所產生的懷疑念頭，也回想起了來台前所設定的目標，讓我找回了在台灣打球的目的。

不過，事情並沒有想像中順利，我在加入二軍練習沒多久就受傷了。四月初時，我連基本的傳接球都有點困難，照這樣下去，季初所設定的三個目標可能一個都達不到。於是，我為自己設下了底線：「如果傷勢在六月一日之前還沒有好轉，那我就要退休了。」

設下底線之後，我有大約兩個月的時間要準備重返一軍。我保持正面的心態，努力地做復健。即使復健途中幾經波折，我仍然在兩個月後成功地回到一軍的賽場上，幫助球隊獲勝，一步步朝著設定的目標前進。

我在一軍很快就拿出了好的表現，球隊也開始贏球了，球場上的一切都讓我感到快樂。但是，當我離開了球場，那股只有我一個人的孤單感又會再次襲來，在當時漸漸讓我無法承受。

我的家人在二〇二一年來台時經歷過兩週的隔離，在那之後，我跟凱莉都認為居家檢疫對我們孩子的心理健康來說不是最好的安排。所以二〇二二年在來台灣之前，我們就說好凱莉跟孩子們今年不會來台灣，我必須一個人待完整個球季，但我沒有想到，這竟會是如此的難熬。

事實上，當我在七月二十三日拿下生涯百勝的那個時候，我心裡因為孤單所受的折磨已經接近臨界點。類似的狀況在二〇二〇年已經發生過一次，當時我超過八個月沒見到家人，球季尾聲時，我每天都在倒數回家的日子，而非全心全意投入在球場上。我不想要因此對不起自己所愛的棒球，卻也更不想再一次面對這樣孤單的感受，因此我毅然決然地做出了退休的決定。

這整個決定最困難的地方在於球隊當時仍然有機會爭取下半季冠軍，半途而廢也從來不是我做事的風格。事實上，我也曾經考慮過跟隊友們一起完成二〇二二年球季，但是我很清楚，即使勉強留下來，我的心理狀態將影響表現，導致我沒辦法正常發揮。我從來沒有跟隊友說過，但是我當時真心認為，球隊在該年爭冠過程中沒有我會比較好。

八月初的時候，我當面跟 Joyce 總經理表達了退休的意願，我告訴她，我再也無法忍受沒有家人陪伴的時光，我在台灣的每一刻都在想念我的家人，而不是專心在球場上，在這樣的狀態下出賽，對球團以及隊友來說是不公平的。球團高層一開始對於我的決定感到驚訝，但在他們意識到這是我經過審慎思考所做出的決定後，他們也接受了我的想法。

我告訴球團，如果有需要的話，我可以待到九月中，讓球團有充裕的時間尋找替代人選。到九月中前的這六周，我會把心理建設好，用正確的態度面對每一場比賽，盡我所能地幫球隊爭取勝利。這是我能想到最圓滿的方式，我也很感謝富邦球團跟 Joyce 總經理的理解以及他們後續在引退之夜為我所做的一切。

球團原本希望將一切安排妥當後才會對外公開我要引退的消息，在這之前，他們希望能夠保密，甚至對我的隊友們也是一樣，球團希望我在召開記者會公佈消息時，同步向隊友說明。然而在記者會前兩天，當時我們在桃園比賽，不知道為什麼消息洩漏了出去，賽前哲瑄與一些隊友聽到消息之後特別來找我了解狀況，搞得氣氛有點尷尬，但是礙於我已經答應球團在記者會之前不告知任何人，我只能告訴他們：「我之後再跟你們說。」

在這之後我馬上跟 Joyce 總經理互傳簡訊聯繫，她告訴我記者會將提早一天舉行，我則是問她，我能不能在今天賽後就讓隊友們知道我退休的決定，她也馬上答應了。

我知道退休的決定是正確的，但是棒球已經存在在我的生命中超過三十年了，一想到即將與它告別，內心難掩激動。在比賽中，我數度無法控制自己的情緒，必須躲進淋浴間，給自己一點時間冷靜下來。

賽後，我召集了全隊，在大家面前親口說出我即將退休的決定。這是一個艱難的過程，在球季進行中離隊是痛苦的決定，我希望取得隊友們的諒解，我不是要背棄他們，而是此時此刻，我更需要我的家人。我的老婆總是非常支持我、體諒我，她從來不曾要求我必須陪伴他們，然而在那個當下，是我需要他們的陪伴。

大部分的隊友聽到我要退休時都感到非常意外，但我想他們從我的肢體語言以及情緒中感受到我在家人跟棒球之間的掙扎，也接受並原諒了我季中離隊的事實。許多跟我同隊多年的隊友都上前給我最溫暖的擁抱。

隔天，球團幫我召開了記者會，在媒體面前正式宣布了我即將退休的消息。當天出現的媒體數量有點超乎我的預期，我從來沒有想過有一天會開引退記者會，更不用說是發生在家鄉以外的國家。對於能夠擁有一個值得引退記者會的生涯，我內心只有滿滿的感激。

記者會當中，我表達了我對富邦蔡家、Chris 和 Joyce 總經理，以及我的隊友們一直以來的謝意。同時再一次地解釋了退休的原因，我要確保大家都很清楚，中職以及富邦的一切都讓我在台灣打棒球很快樂，是因為家庭的因素，才讓我不得不在這時選擇離開。記者會當中，我一度跟記者說：「如果可以把中華職棒搬到亞利桑那的話，我是很樂意繼續打下去的。」

在宣布即將退休之後，讓我既驚訝又榮幸的是，每一支球隊都準備了特別的小禮物。首先是味全龍，他們派出伍鐸做代表，送我特製版的大富翁遊戲，上面有台灣各個不同的景點及球場。

我非常感謝富邦球團一直以來對我的信任與照顧，甚至還為我舉辦了引退記者會，多希望還有機會能與他們並肩作戰。

統一獅送我歷年來在台南球場出賽的成績單以及一些投手丘的泥土，除此之外，他們還送我一台除濕機（音同除「獅」機）。在此之前，就有人告訴過我除濕機這個外號背後的意涵，我對於統一獅的巧思感到特別有趣。

樂天送我特別製作的立體獎盃，上面有我 Lamigo 時期的投球照片。兄弟則送了我一張有恰恰、張志豪、王勝偉，還有周思齊的海報，他們是兄弟陣中對我打得特別好的打者，上面也特別列了生涯對戰數據，相當有意思。

除了各球團之外，我所到之處，即使是客場球迷也都不吝於他們的掌聲。從我宣布退休那一天起，每天賽前跟賽後，都有許多球迷在球場外面等我，想要簽名跟拍照。那段時間球迷的熱情讓我感到印象深刻，我也盡量滿足每一位球迷的要求，以報答球迷多年來的支持。

就這樣，時間不斷的前進，而我離別的時刻，就快到來了。

從未想過其他球團在我宣布引退之後，都舉辦了這些儀式與送上別具意義的禮物，我的內心真的充滿感激。

CHAPTER 12

MIKE
MIKE
MIKE

第12章

哩賀，我是羅力

在來到台灣之前，我是一個棒球浪人，在不同地區與國家之間的職業聯盟來來去去，每一次的離開，多多少少都會讓我有些懷念，但不論是何處，都比不上在台灣生活所帶給我的驚喜感與人情味。

熱鬧的球場，熱情的球迷

台灣球迷的加油方式跟美國有很大的不同，中華職棒的比賽過程中，球迷的加油聲是很大的，打從一開始我就很喜歡這樣的加油方式，場邊熱鬧的氣氛能讓我感到興奮，激發出更多的腎上腺素。退休後不久，我帶我兒子去看了一場亞利桑那響尾蛇的比賽，我不敢相信大聯盟比賽竟然是如此的安靜。在中職多年的我反而對美國這種冷靜看球的氛圍感到不適應。

台灣的球迷一直以來都對我很好，很慷慨，常常準備小禮物或是飲料給我以及其他球員。我也有注意到，有一些球迷從我剛來台灣時就一路追隨我到生涯尾聲，我不知道他們的名字，但不管到哪個城市，我總是能在人群中認出他們。他們總是會熱情的跟我打招呼，送我茶或咖啡。生涯當中有一群這樣的支持者是很酷的事情，我也很感謝每一位長期關注我的球迷。

跟球迷印象最深的互動是在二〇一八年時，有球迷朋友特別幫我跟伍鐸舉辦了生日派對，現場大約來了二十位球迷，一起慶祝我們的生日，那是一次既特別又有趣的回憶。

每年春天來台灣跟冬天回美國時，都會有球迷朋友到機場接送，印象最深刻的兩次分別是二〇一九年來台跟二〇二二年返美。二〇一九年時我班機抵達台灣的時間是凌晨五點，我壓根兒都沒想到會有球迷特地早起只為了來機場接我。而二〇二二年在我退休準備回美國的時候，機場竟然來了近百名的球迷朋友來向我道別，人數多到有點超乎我的想像。

「哩賀」

二〇一五年時我替義大犀牛效力，某一個先發的晚上，在主場澄清湖棒球場，賽前我坐在更衣室裡，準備上場。當時的領隊謝秉育走了進來，看到我，便對我說：「今晚，你會拿到最有價值球員。」

「好的，我也這麼希望。」我回答他。

「當你拿到最有價值球員時，我要你拿著麥克風，對著大家說『哩賀』（台語的你好）。」

「你說什麼？『哩賀』？」我問他。

「對！就是哩賀。」

說來也神奇，當晚的比賽我還真的拿到了最有價值球員。就在接受賽後訪問時，我拿著麥克風，想起了賽前領隊似乎有交代我要說些什麼，於是我偷偷地問翻譯謝章瑞：「你還記得領隊要我說什麼嗎?」

「你說什麼?」翻譯似乎沒有聽清楚我的問題。

「領隊賽前跟我說,如果我拿下最有價值球員,要我跟大家說一句話,但是我想不起來要怎麼說。」我跟翻譯再解釋了一次。

「喔,是哩賀啦。」

我當時根本不知道哩賀是什麼意思,但是我麥克風拿了就朝著觀眾喊了聲:「哩賀!」

也許是我發音不標準的關係,觀眾第一時間並沒有搞懂我在說什麼,但在意識到我是在用台語向他們打招呼之後,全場都興奮起來還大聲歡呼。

得到如此熱烈的反應,我也感到很新鮮,於是從那一刻起,我有機會就跟人說哩賀,我本來就喜歡說台語,說台語可以讓我感覺好像更融入在台灣的社會裡,而且感覺大家也很喜歡我用台語跟他們問好。久而久之,哩賀就成了我的特色之一了。

哩賀！

風景與城市

當家人不在台灣時，我休假日的生活是很單調的。通常來說，我在吃完早餐之後會散步到星巴克，在那待上一至兩個小時。跟家人視訊通話，在孩子睡前向他們道晚安。

在二〇一七年時，我開始對房地產產生興趣，所以我會利用休假日早上獨處的時間，藉由讀書或聽播客（Podcast）來獲取有關房地產的知識，為棒球之後的第二職涯作準備。

從星巴克回到公寓之後，我會開始搜尋晚餐想吃的餐廳，我很喜歡品嚐美食，到不同的餐廳吃飯是我一個人放假時最主要的休閒活動。決定好之後，我會根據餐廳的地點去安排接下來整天的行程。

當家人在台灣時，我們會帶著孩子去游泳池，去河濱公園，有時候也會一起去看電影。想辦法讓他們在台灣的童年過得多采多姿。

我的家人通常都是在夏天的時候來台，休假時我們會先看天氣，只要不要太熱，我就

我喜歡台灣這個美麗的地方，
更喜歡與我的家人們一起探索
這片土地上不同的風景。

會開車帶孩子們去木柵。木柵動物園是我們在台北最喜歡去的地方，價格也很親民，我們一家在那拍了很多照片，留下很多快樂的回憶。

除了動物園之外，只要時間允許，我們也會搭乘貓空纜車。到了山上，首先會先經過一排攤販，再往上走，就會看到一些小茶館，這些小茶館的戶外座位區可以鳥瞰台北市美麗的景緻。我跟凱莉特別喜歡去其中一家茶館，凱莉很喜歡他們的茶，他們的茶葉炒飯更是一絕。

另外一個孩子們常去的地方就是新莊棒球場。除了晚上來看球之外，如果天氣太熱，我會在早上帶他們去球場的室內打擊場，讓他們在裡面踢足球或打樂樂棒球，消耗他們的能量。

凱莉跟我一樣，喜歡旅行跟品嘗美食。當球隊到客場比賽時，她也會帶著小孩一同前往。在工作之餘，跟家人一起探索不同城市，體驗在地文化，是我球季中最大的樂趣所在。

在台灣的期間，我在雙北待的時間最長。我很喜歡台北，就像世界上每一個大城市一樣，它應有盡有，不論想吃什麼料理，從披薩、墨西哥菜到德國料理，甚至奈許維爾雞肉我和孩子們最愛的球場——
新莊棒球場！

三明治，都可以在這裡找到。

新莊棒球場是我最喜歡的球場。我很喜歡它的地點，一直以來我都偏好隱身在鬧區當中的球場，周邊有許多餐廳以及住宅，球迷可以步行前往球場。我也比較喜歡封閉式的內野看台，再加上屋頂形狀，當熱情的主場球迷為我們應援時，聲音可以比較集中，營造出更熱鬧、更有趣的看球氣氛。

富邦在接手新莊棒球場後重新裝修了主場更衣室以及其他設備，幫我們設計了一個舒適又自在的環境。我非常喜歡我們的更衣室，每次在主場出賽都讓我感受到職業棒球選手應有的規格。

另外一個我很喜歡的台灣城市是台南。我很喜歡台南小吃，尤其是牛肉湯，每次去台南比賽時，賽後來得及的話就會跟體能教練江奕昌去飯店附近的鬍鬚忠牛肉湯喝上一到兩碗。

除了小吃外，我也很喜歡台南整座城市古色古香的感覺。台南球場雖然比較老舊，但看臺設計跟新莊球場非常類似，製造了緊密的看球氛圍，讓人感覺球迷跟球員距離比較

台南是我另一個喜愛的城市，除了風景與建築，
最棒的就是那裡的美食。

近，我曾經幾度在滿場的台南球場登板，現場氣氛熱絡，球迷像是直接在我頭頂上方搖旗吶喊，所以我總是很享受在台南球場出賽。

花蓮跟台灣其他主要城市都不一樣，我跟凱莉都很喜歡花蓮。它有一種海灘小鎮的感覺，每次搭火車到花蓮，一下車就能感受到空氣的新鮮。花蓮球場的風景很優美，可以直接遠眺中央山脈，令人心曠神怡。

到花蓮比賽時，早上起床吃完早餐後第一件事就是到花蓮市中心，我會買一杯星巴克在市區到處走走晃晃，享受花蓮悠閒的生活步調。花蓮的小籠包也讓我大為驚豔，球隊的管理在花蓮賽前都會準備，我每次都會不小心吃太多。

在國外生活是需要一些時間去適應的，我是一個獨立自主的人，所以球場以外的生活起居，我都盡量不麻煩翻譯。我學會自己點餐，告訴計程車司機我想去的地方，一開始可能不近完美，需要來回溝通好幾回才能讓對方了解我想表達的意思，但不需要依賴別人的感覺是很棒的。

隨著科技的進步，因為語言不通在生活上所造成的不便也越來越少。二〇一二年剛來台灣時，智慧型手機還是非常新穎的科技。我在桃園的公寓有無線上網，但是我的手機門號並沒有辦理行動上網功能。所以每當我要去台北吃飯時，我都要先在公寓裡把路線查好，截圖存在手機裡，搭捷運到餐廳附近之後，再靠著截圖找到我要去的地方。

行動上網的普及，讓找路這件事變得簡單許多，如果我真的需要問路或與人溝通時，手機的翻譯軟體也帶來很大的幫助。

在台灣的後幾年，我開始開車。跟美國比起來，台灣道路上最大的不同絕對是摩托車。路上摩托車的數量一開始讓我感到不自在，需要時時保持警覺，特別是右轉時，我總是多次確認不會有車突然竄出來。

在熟悉台灣的用路習慣之後，我開始希望我更早就試著在台灣開車，開車讓我的世界更寬廣，視野更遼闊了，我能夠去到很多以前到不了的地方，見識台灣各地不同的風土人情，也讓我更加愛上台灣這塊美麗的地方。

LOREE LUREE LUREE

CHAPTER 13

MIKE

MIKE

MIKE

第13章

如夢般的夜晚

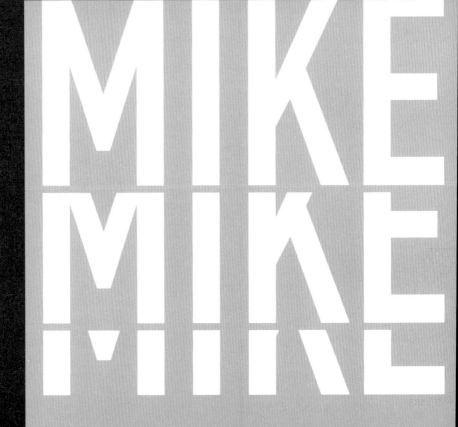

時間很快地來到了引退賽當天，我一如往常地開車前往球場，突然間，我意識到這將是我最後一次在先發日開車到球場，回想起這些年在台灣的點點滴滴，頓時內心多了份惆悵感。不過在來到球場之後，看到現場等待我的球迷們，又把我拉回到現實，照慣例我花了點時間幫球迷簽名，試圖用平常心來面對這顯然不平凡的一天。

當晚所發生的一切就如同夢境一般。賽前熱身時，看台上已經有著為數不少的觀眾，我要求自己必須投出一場好的比賽，不能辜負進場球迷的期待，同時，我也提醒自己要沉浸其中，享受每分每秒。一直以來，棒球都是我生命中的摯愛，而這一切，都將在今晚結束之後畫下句點。

練投完畢回到休息室，我抓了條毛巾擦汗，上場之前，我再次提醒自己：「上了場就

在賽前熱身時，看台上的加油聲，讓我下定決心要在今晚拿出最好的表現。

要全力以赴，但記得享受每一刻，這是最後一次了。」

我緩緩地跑上投手丘，全場球迷起立為我鼓掌，這幕讓我起了雞皮疙瘩，背後汗毛豎立，全身彷彿被電流通過一般。

熱身完畢之後，比賽就開始了，第一局我就被郭嚴文打了一支右外野線邊的特大號全壘打，一棒把我從夢境中打醒。

那支全壘打之後，我的心理才比較進入比賽狀態。我當晚球的品質還不錯，球隊的進攻也很快就幫我把領先要了回來。但是在第五局時，我又掉了兩分，比賽再度陷入平手。

我在第六局平手的狀況續投，踏上投手丘時，全場觀眾再次起立為我鼓掌。順利完成第六局之後，用球數來到了九十五球左右，投手教練羅曼 (Orlando Roman) 走了過來，他告訴我：「第七局你將會再投一個人次。」

我每次先發的局間都會回到更衣室，待在有空調的環境裡可以減少體力的流失。收到最後一人次的指令之後，我走進更衣室，重整了心情。這一刻總算來到了，接下來這名打者就是我生涯面對的最後一名打者了，我想用三振為我的生涯畫下句點。

球隊在六局下半的進攻得到了兩分，幫我取得勝投的資格。完成第七局的熱身練投後，上來打擊的是嚴宏鈞。

面對嚴宏鈞，球數來到兩好兩壞時，我投了一顆非常接近好球帶的內角直球，被判定為壞球。我感到有點懊惱，我以為這是我取得三振的機會。兩好三壞時，我不希望我生涯最後一個打席以保送收場，我必須要將球投進好球帶。捕手戴培峰比出了指叉球的暗號，這是我最有信心的球種，所以我就決定要將最好的指叉球投進好球帶跟打者對決。

這顆指叉球投得不差，嚴宏鈞將它打成一壘方向滾地球，一壘手范國宸接到球之後，自踩一壘，將打者刺殺出局。

國宸踩完一壘之後，對著前往一壘補位的我微笑並與我握手，接著他給我一個大大的擁抱。我們一起從一壘走回投手丘，途中他問我：「你應該不會哭吧？」

「我不知道，可能會喔！」我看著他說。

「不行啦，你不能哭啦。」他開玩笑地說。

回到投手丘後，投手教練羅曼走上來把我換下場。下場前，我跟每一個人擁抱，表達我的感謝。在全場觀眾的掌聲下，我最後一次走下新莊棒球場的投手丘。那個時刻，我感受到來自球團、隊友以及球迷們的支持，這絕對是所有棒球選手畢生奮鬥之後所渴望的，我是何其幸運才能夠經歷這一切，我一輩子都不會忘記這個不可思議的時刻，內心萬分感激也絕非三言兩語能夠表達。

退場之後，接手的投手也都順利的完成他們的任務，最終我們擊敗了樂天桃猿隊，我也如願在引退賽中拿下了勝投。

賽後，富邦球團幫我舉辦了盛大的引退儀式。我在二〇一二年來台時簽的是一張為期兩週的短約，當時一心只想撐過洋將大限的我連作夢都沒有想到，在多年後的今天，會有上萬名觀眾來見證我生涯的完結。

看到這麼多人願意參與我的引退儀式，我感覺我在這個聯盟裡留下了些影響力，有足

最後一戰，最後一人，最後一球。

夠的人在乎我，才成就了當晚所發生的一切。這讓我真心感到快樂，因為我也在乎台灣的一切，我在乎棒球，在乎中職，在乎富邦。

在引退儀式當中，富邦球團正式引退了我的背號。這種感覺是難以言喻的，一直到富邦正式對外宣布之前，我從來沒有想過他們會願意為我這麼做。這對於職棒選手來說是至高的榮譽，也代表球團肯定我這些年在中職的付出以及努力。對此，我引以為傲。

富邦為我精心製作的影片也令我印象深刻，他們剪輯了我生涯不同時期的精華影片。感動最多人的環節，絕對是我的家人出現在大螢幕上的那一刻。這些年來，我在棒球場上所做的努力不只是為了我自己，也是為了他們，他們出現在影片的當下，天曉得我是多麼的想念他們，希望他們也能在場見證這一切，我的情緒非常激動，甚至已經無法聽清楚他們在影片中說了什麼，因為光是不讓眼淚潰堤，我已經用盡了所有氣力。

富邦幫我辦了一場完美的引退儀式，他們大可不必如此大費周章的準備這一切，我非常感謝他們給了我一個如此特別的夜晚。即使到了今日，只要想到當天的場面，我的臉上還是會不由自主的露出微笑。

何其有幸，我的背號能與我一同引退。

39 MIKE LOREE RETIREMEN

富邦幫我辦了一場完美的引退儀式，他們大可不必如此大費周章的準備這一切，我非常感謝他們給了我一個如此特別的夜晚。

LOREE LUREE LUREE

CHAPTER 14

MIKE
MIKE
MIKE

第14章

旅程的終點

在二〇一二年剛加入中華職棒時，中職打者給我的第一印象是他們非常注重擊球率。我在台灣的前六場比賽，超過三十局的投球當中，只投出了約二十個三振，平均一局不到一個，遠低於我在獨立聯盟的水準。

這個現象連我的老婆都注意到了，她還消遣我說：「你在台灣的三振好少喔。」

「我已經很努力的在試了，他們什麼球都打啊！」我無奈地回答。

我很快地意識到，相較於美國打者只會針對他們設定的位置及球種做攻擊，台灣打者只要看到球接近好球帶，就會積極出棒。

針對這樣的特性，我開始投更多的引誘球，我知道只要我可以讓球看起來會通過好球帶，就有機會誘使打者出棒。反過來說，當我要搶好球時，我也不能大喇喇地把球往中間塞，而是必須設法讓球看起來更像壞球，利用球的位移溜進好球帶。我中職生涯初期在兩好球時投了很多在本壘板後方落地的指叉球，因為出手角度的關係，這顆球出手時看起來像好球，但會在進壘前急速下墜，靠這顆球我取得了很多出局數。

過去十年間，中職打者水準有顯著的提升。並不是說十年前的中職打者不好，但隨著知識以及科技的進步，世界上所有聯盟的技術水平都不斷地在演化。除此之外，旅外打者的回歸也對聯盟的競爭水平帶來衝擊，二〇一二年時，陳俊秀、胡金龍、高國輝等強打者都還沒有加入中華職棒。

同一時間，越來越多的職棒退役選手投入基層教育，台灣的青棒選手獲得更好、更新的觀念指導。促使越來越多充滿天賦的青棒選手在投入職棒之後很快的成為球隊的戰力。統一獅的林子豪，桃猿隊的廖建富以及富邦的戴培峰都是很好的例子。前大聯盟以及統一獅隊投手羅里奇(Josh Roenicke)就曾對廖建富在十八歲時展現出的打擊成熟度感到不可思議。

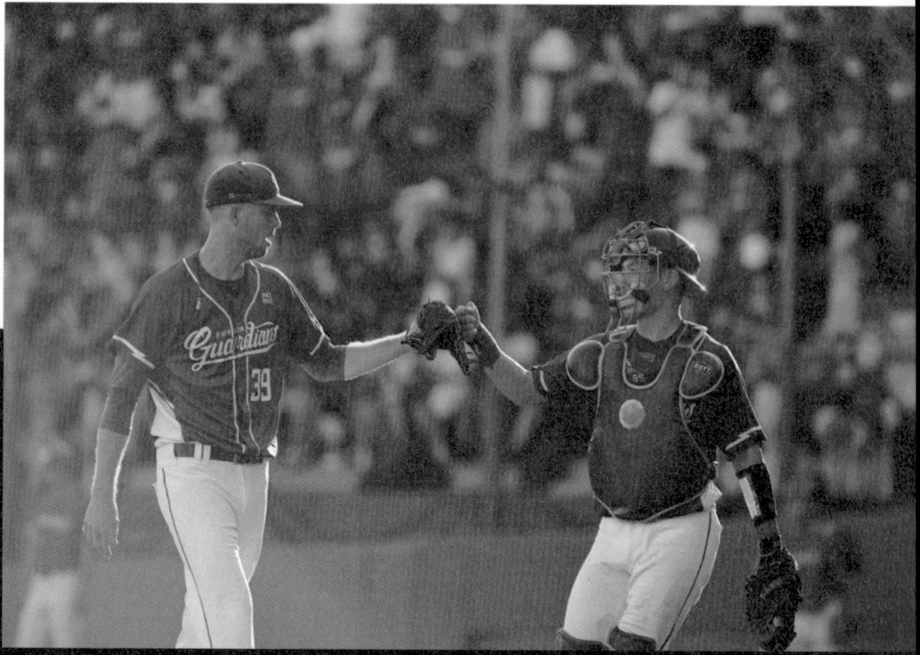

我的好隊友培峰是充滿潛力的年輕選手，
希望未來能看見他持續發光發熱。

在我生涯當中，林泓育一直以來都是非常不好應付的對手。他對於低角度進壘的球掌握度很高，而那剛好也是我最常投的位置。

生涯最後幾年，林立絕對是打我打得最好的打者。特別是二〇一九年跟二〇二〇年，感覺這兩年他對我幾乎每個打席的結果都是安打。

除了桃猿的這兩名打者之外，中信兄弟的陳子豪對我也打得特別有心得。我永遠不會忘記二〇一六年的台灣大賽，陳子豪在我先發的兩場比賽當中都沒有被排進先發打序當中，那年他在正規賽對我的打擊率有七成，外加四支長打。賽前拿到對方攻守名單時我簡直不敢相信，同時也暗自慶幸不用在我人生最重要的比賽中面對到這名讓我頭痛不已的強打者。

陳子豪對我的好手感並不限於二〇一六年，綜觀整個生涯，陳子豪絕對夠資格跟林立並列為最難纏的打者。

除此之外，王柏融也是非常好的打者，面對他的每一打席都充滿挑戰。特別在二〇一七年時，那是我狀況最好的一年，而他也正處於巔峰時期。我感覺我們英雄惜英雄，我認定他是當時最強的打者，他也認為我是聯盟頂尖投手，雙方都很享受當下對決的過程。

最後特別提我的隊友林益全，不論在我生涯初期面對到興農跟義大，甚至在我加入義大之後進行分組比賽，他總是能狠狠修理我。

///

黃浩然是我來到中職搭配的第一位捕手，他幾乎接捕了我Lamigo時期的每一場比賽。他會講一點英文，所以我們可以直接做簡單的溝通。我剛來到中職時，他已經是擔任球隊多年的主戰捕手了，對聯盟大部分打者的優缺點都有一定程度的掌握，所以他給了我很多投球策略上的建議，我們很快就建立了信任。有他的協助，讓我在Lamigo的兩年投出不錯的成績

加入義大之後，第一位主要搭配的捕手是鄭達鴻。即使他日後轉隊到中信兄弟，我還是把他視為很要好的朋友，我們會共進晚餐，中秋節他會邀請我去他家烤肉。這份友誼也讓我們在場上有更深一層的信任。我也很喜歡跟他搭配。

謝謝所有曾與我搭配過的捕手們，
有你們在本壘板後的引導，我才
能放心對決每一位打者。

「坦克」方克偉，人如其名有著龐大的身軀，一直以來我都很喜歡跟體積較大的捕手搭配，因為這樣每一顆球都會在捕手身體範圍之內進壘，看起來都像好球。他也是一位非常聰明的捕手，很懂得隨機應變，他常常在比賽中會注意到對方已經鎖定我的特定球種了，要我改變配球策略，而大部分的時間，他都是對的。

除此之外，他的擋球功力也讓我非常放心，我可以很大膽的讓我的指叉球在本壘板附近落地。跟他搭配的那幾年，我憑藉著指叉球拿到許多的三振，很大一部分也必須歸功於克偉。

林琨笙的阻殺功力在聯盟是一流的，跟他搭配時，我知道只要我的投球動作不要慢得太誇張，對方跑者是很難輕易盜壘成功的。他對於投球策略很有想法，我們也常常彼此交換意見，找出最適合的方式。

我生涯中有很多場投得很好的比賽都是搭配琨笙時投出來的。二〇一六年台灣大賽第五戰，我先發拿下勝投，搭配的捕手就是林琨笙。

克偉龐大的身軀總能帶給我無比的安定感。

我剛開始跟戴培峰搭配時，他還只是一個高中剛畢業的年輕捕手。但從那個時候就可以看得出來，他具備著成為一名好捕手的許多條件。他有著良好的接捕能力，好的臂力，對於比賽也有不錯的解讀能力，唯一缺乏的就是一點點自信。

隨著比賽經驗的累積，培峰的自信心也慢慢的增加，漸漸地學會相信自己的直覺。如同我常常跟他說的：「你對比賽的直覺很好，我要你照著你的方式去配球，如果我不喜歡，我會搖頭的。不要預設我的想法。」

這也是我對所有捕手的期許，即便我對於配球很有主見，我仍然想要知道從他們的觀點所產生出來的想法。特別是如果捕手一開始給的暗號就跟我心裡所想的相同，那麼我在投這顆球時心情會更篤定，也更有信心。

培峰憑藉著自身的努力，不斷精進自己，二〇二二年球季對他而言是破繭而出的一年，在我看來，培峰已經是聯盟最好的捕手了。

身為中華職棒史上最長壽的外籍球員，我認為秘訣在於保有一顆感恩的心。我在台灣的每一天都對於有機會能夠打職業棒球心存感激，我從四歲開始就熱愛棒球這項運動，能靠打棒球養家餬口，這是多麼不可思議的一件事啊！

在球場上的每一天，我的目標都是要當最好的投手以及一個好隊友，因此，我所做的每個決定都必須讓我更接近這兩個目標。這其中包括適時地做出改變及調整。

從二十七歲加入中職，到三十七歲退休，這當中經歷了許多演化的過程，在不同的階段，都有不同的地方需要微調及修改。我的身體會隨著時間產生變化，動作模式也會有所不同，也許外觀上看不太出來，但我可以很明顯地感覺到差異。

要長時間保持競爭力，我不能一直憑藉著二十七歲時的調整方式，我必須針對身體的變化做出相對應的改變。生涯中段，我開始做比較重的重量訓練，因為我發現我的身體需要更強更多的刺激才能維持以往的強度，不這樣做的話，我的身體會因為無法應付漫長球季而產生受傷。

我也開始在飲食以及水分補充上下了功夫。二〇一五年時，我讀了一篇有關網球明星

喬科維奇 (Novak Djokovic) 的文章，其中提到喬科維奇每天早上會固定攝取一定份量的水分。這讓我意識到補充水分對於運動選手的重要性，特別是台灣悶熱的氣候會讓水分流失得更快。從那時候開始，我每天早上起床就會先喝大約二十盎司的水。

在此之後，我讀了更多的文章，我發現在美國常見的運動飲料，可能不是補充水分最有效率的方法，其中所含的糖分跟人工色素反而容易對人體造成負擔。於是，我開始以水加鹽，作為運動時補充水分的最主要來源。

到了二〇一九年，我讀到了椰子水對於人體的好處。它含有人體非常需要的鉀，就好比是天然的運動飲料。每天早上我會喝一罐椰子水，賽前以及比賽過程中攝取淡鹽水以及含鎂的營養品，如果當天氣候比較炎熱或運動比較劇烈，我會在賽後再喝一罐椰子水。這樣的組合能夠確保我的身體有足夠的水分以及電解質。

當我開始注重水分補給之後，我可以明顯感受到其中的改變，我可以很輕易的辨識出身體是否處於缺水的狀態。當身體有足夠的水分時，我變得更有能量，肌肉跟關節也更加的柔軟以及靈活。

為了保持健康與競爭力，椰子水成為我比賽時必備的水分補給。

除了在生涯不同階段做出適當的改變之外，在球季中盡量保持規律也是非常重要。先發日當天，我會要求自己起床吃早餐，把賽前的餐點準備好之後在差不多的時間到球場。這所有的行為背後不是出自於迷信，而是要幫助我減低先發前的焦慮。

年輕的時候，我只需要不到一個小時的時間就能完成熱身，年過三十三左右之後，除了身體需要更長的時間才能開機之外，我也將我從傳動棒球學到的那一套融入到我的暖身課表裡，因此，我必須在賽前兩小時就開始用滾筒做一些簡單的伸展。

先發日總是充滿壓力的，先發投手一周只有一天的機會能夠表現，所有人都期待你能幫球隊拿下勝利，特別是外籍選手，如果你前一場沒有投好，那就更需要有好表現，否則馬上就會被取代了。面對如此高壓的環境，如果能夠在事前將周邊的事物打理好，我就不會感到時間的緊迫，也不會受到外界事物的干擾，能夠好整以暇地以比較舒適的心態專注在比賽當下。

綜觀我的中職生涯，我仍然將二〇一六年與義大犀牛一起拿下的那座中華職棒總冠軍視為最驕傲的成就。從整季不被看好，台灣大賽前被認為是落居下風的一方，在系列賽一開始陷入零比二的逆境之後，到最後連贏四場逆轉拿下台灣大賽冠軍，對我們來說是了不起的成就。

以個人成績的角度來說，能夠成為中華職棒第三位達到生涯百勝的投手，是我個人生涯很重要的一個里程碑。這項成就背後代表的是我這些年來所投入的努力，以及時時刻刻為自己以及隊友們負責的態度，確保自己總是處在最佳狀況，才能長時間維持穩定的表現，最終成為稀少的百勝俱樂部成員。

二〇二〇年六月二十八號在洲際棒球場面對中信兄弟的比賽中，我用一顆內角直球對我的死對頭陳子豪投出了生涯第一千次三振。事後藍斯佛跟力猛都消遣我：「你怎麼可以用直球拿到第一千次三振？應該要用你的招牌指叉球才對啊！」

當時中信的球迷都很有風度的為我鼓掌，能在一個聯盟取得一千次三振，就如同百勝一樣，是一項需要長時間努力與付出才能達成的成就，能夠在一個聯盟同時達到這兩項成就，我感到榮幸至極。

另外一個較少人提到的成就則是生涯兩度拿下金手套獎。我一直以來都對自己的守備能力感到自豪，每次發生失誤時，我都感到非常生氣。身為投手，每次的失誤都代表錯過一次抓到出局數的機會，除此之外，還會讓對方上壘，增加失分的可能性。

我在中職的頭兩個完整球季都拿到金手套獎，我也想就這樣一路拿下去，不想讓給別人，可惜二〇一六年球季我發生了幾次不該發生的失誤，最後在金手套票選上輸給了我的隊友力猛。而力猛就常常拿這件事對我炫耀，讓我感到不服氣，形成了有趣的競爭關係。

說到生涯最大的遺憾，就絕對是我到退休前，都無法幫助富邦拿下總冠軍。我很享受在新莊棒球場打球，為富邦效力的六年時光當中，球團上下都對我非常好。一直以來，我都想成為富邦隊史第一座冠軍的成員，並對奪冠做出重大貢獻，我想將冠軍獎盃獻給蔡家、球隊高層，以及每一位球迷。可惜的是，這個願望從未實現。

對於已經或打算來中華職棒發展的外籍球員，我的建議會是好好享受在這裡的每一天。要了解到處在異鄉，有些事情會跟平常不一樣。雖然棒球在世界各地大致上都相同，中華職棒仍然有它自有的風格跟眉角，你無法抵抗跟改變它，你必須學習接納這一切。你越能接納，甚至愛上這裡的文化，你就有更大的機會在這取得成功。

我的生涯是一趟令人驚奇的旅程，台灣九年生涯當中發生的點點滴滴都讓我充滿感激。身為外籍球員在中華職棒打球，在異鄉生活，適應在地文化，台灣帶給我的一切讓我成長，變成更好的人。最後，對於正在看這本書的朋友以及每一位曾經進場看我投球或者是賽後特別留下來跟我打招呼的朋友們，我想對你們說一句：「謝謝你們，你們在球場為我吶喊的每一聲加油，我都聽到了，你們對我長久以來的支持，我會一輩子銘記在心！」

入魂 21

完美落幕：十年一見的傳奇，羅力的棒球之路

作者　麥克 · 羅力 Mike Loree、江奕昌

堡壘文化有限公司 ——

總編輯　簡欣彥
副總編輯　簡伯儒
責任編輯　簡伯儒
行銷企劃　許凱棣、曾羽彤、游佳霓、黃怡婷
照片提供　職業棒球雜誌、富邦悍將棒球隊
封面設計　萬勝安
內頁構成與版型設計　廖勁智

——

出版　堡壘文化有限公司
發行　遠足文化事業股份有限公司（讀書共和國出版集團）
地址　231 新北市新店區民權路 108-2 號 9 樓
電話　02-22181417
傳真　02-22188057
Email　service@bookrep.com.tw
郵撥帳號　19504465 遠足文化事業股份有限公司
客服專線　0800-221-029
網址　www.bookrep.com.tw
法律顧問　華洋法律事務所　蘇文生律師
印製　韋懋實業有限公司

初版 1 刷 2023 年 5 月
初版 5.7 刷 2023 年 7 月
定價 新臺幣 480 元

ISBN　978-626-7240-14-4
EAN　866-710-6514-82-8

國家圖書館出版品預行編目（CIP）資料

完美落幕：十年一見的傳奇，羅力的棒球之路／麥克．羅力，江奕昌著．-- 初版．-- 新北市：堡壘文化有限公司出版：遠足文化事業股份有限公司發行，2023.05
面；　公分．--（入魂；21）
ISBN 978-626-7240-14-4（平裝）

1.CST: 羅力 (Loree, Mike) 2.CST: 職業棒球 3.CST: 運動員 4.CST: 傳記 5.CST: 美國

785.28　　111021964